KB040747

나의 첫 노션 마스터북

ⓒ 이유미, 2024

이 책의 저작권은 저자에게 있습니다.
저작권법에 의해 보호를 받는 저작물이므로
저자의 허락 없이 무단 전재와 복제를 금합니다.

하루 10분, 4주 만에 끝내는 노션 원포인트 레슨

나의 첫 노션 마스터북

노션 공식 엠버서더 **이유미** 지음

비즈니스북스

나의 첫 노션 마스터북

1판 1쇄 발행 2024년 7월 16일
1판 2쇄 발행 2024년 10월 8일

지은이 | 이유미
발행인 | 홍영태
편집인 | 김미란
발행처 | (주)비즈니스북스
등 록 | 제2000-000225호(2000년 2월 28일)
주 소 | 03991 서울시 마포구 월드컵북로6길 3 이노베이스빌딩 7층
전 화 | (02)338-9449
팩 스 | (02)338-6543
대표메일 | bb@businessbooks.co.kr
홈페이지 | http://www.businessbooks.co.kr
블로그 | http://blog.naver.com/biz_books
페이스북 | thebizbooks
ISBN 979-11-6254-380-1 13000

* 잘못된 책은 구입하신 서점에서 바꾸어 드립니다.
* 책값은 뒤표지에 있습니다.
* 비즈니스북스에 대한 더 많은 정보가 필요하신 분은 홈페이지를 방문해 주시기 바랍니다.

비즈니스북스는 독자 여러분의 소중한 아이디어와 원고 투고를 기다리고 있습니다.
원고가 있으신 분은 ms1@businessbooks.co.kr로 간단한 개요와 취지, 연락처 등을 보내 주세요.

Notion으로 기록형 인간 되기

Notion이 좋다는 말은 누구나 한다. 그런데 생각보다 어렵다. 워드나 엑셀까지는 하겠는데 Notion을 열어보니 다시 까막눈이 된 느낌이다. 이 책,《나의 첫 노션 마스터북》은 그런 우리의 답답증을 풀어준다. 엄마가 아이에게 가르쳐주듯 매일 10분씩 우리의 마음과 손가락을 Notion으로 이끌어준다. 하루, 이틀, 사흘, 책에서 말하는 대로 따라 하기만 해도 Notion이 점점 친해진다. 끝까지 따라 하면 한 달 만에 Notion 템플릿에서 데이터베이스까지 신세계를 경험하게 해주는 책이 바로 이 책이다.

기록학자이자 기록형 인간인 내가 Notion에 관심을 갖게 된 건 너무나 당연하다. 난 뭘 하든 그것이 끝나면 시간과 한 것, 느낀 것, 감정, 떠오른 아이디어를 딱 한 줄로 기록한다. 아침에는 일어나자마자 하루를 플래닝한다. 책을 읽어도 메모, 강의를 들어도 메모, 심지어 대화를 나눠도 메모를 한다. 대부분의 일은 프로젝트 방식으로 진행한다. 지식이 풍부하고 매사 전략적으로 행동하는 일잘러가 될 수 있었던 것은 모두 기록 습관 덕분이었다. 그동안은 이 모든 것을 다이어리에 썼다.

딱 한 가지 불편했던 점은 스마트폰처럼 다이어리를 항상 손에 들고 다닐 수 없다는 것이었다. 다이어리만큼 쓰기 편하고 내가 원하는 서식을 쉽게 만들어 쓸 수 있는 도구는 없을까?

Notion을 접하고 나는 바로 이거다 싶었다. Notion을 다이어리처럼 쓰면서 난 어디서나 아무 때나 기록할 수 있었고, Notion 기록 덕분에 일상 자체가 성장이자 성취인 신기한 경험을 했다. 이 책을 적극적으로 권하는 이유는 나의 이 경험을 독자들 모두가 함께하면 좋겠다는 바람 때문이다.

이 책이 채택하고 있는 PARA 분류법은 기록학의 기본 원리와 딱 들어맞는다. 컴퓨터 폴더를 PARA 분류법에 따라 정리하면 더없이 편리하듯이, 자기만의 Notion 홈 화면 역시 PARA 분류법에 따라 구축하면 일, 일상, 지식, 누적된 자료 모두를 일목요연하게 정리할 수 있다. 계획을 세우고, 그 계획을 실행하고, 그 과정에서 나온 모든 자료를 그냥 분류된 블록에 넣기만 하면 된다.

이 책 한 권으로 우리 모두는 일상을 체계화하고 지식화하며 프로젝트화 할 수 있다. 심지어 Notion AI까지 잘 활용하는 수준에 이른다면 일잘러가 되는 길은 그리 멀지 않을 것이다.

– 김익한(기록학자,《거인의 노트》저자)

스마트하게 일하는 사람들은
Notion으로 출근합니다

안녕하세요, Notion 공식 앰버서더입니다

저는 스타트업, 기업, 공공기관, 학교에서 직장인, 대학생, 프리랜서를 대상으로 업무에 맞는 맞춤형 Notion 활용법을 강의하고 있습니다. 온라인 전문가 서비스를 제공하는 '크몽'에서 고객 100퍼센트가 만족하는 일대일 Notion 코치로도 활동하고 있어요.

'N잡러'라는 신조어가 생기기 전부터 저는 늘 N잡러였습니다. 유아교육 기관장, 무용수, 공연기획가, 법인 회사 회계 사무직, 프로젝트 매니저, 커뮤니티 리더, 팟캐스터, 강사, 에세이 작가, 창업까지 호기심이 생기는 모든 일에 도전하고 성과를 만들어냈어요.

현재는 '행복한 하루를 경영하는 자기 경영'을 위한 '하루경영연구소'를 운영하며, 다양한 프로젝트를 진행하고 있습니다. 그뿐만이 아닙니다. 이 모든 과정을 Notion에 기록하고 데이터를 모으는 '나데이터 수집가'(일상생활에서 얻는 나에 대한 모든 정보(경험, 생각, 경력, 타인의 의견, 성격검사 등)를 기록하고 수집하고 분석하는 사람)이기도 합니다.

주변 사람들은 저를 '목표를 세우고 몰입해서 성취하는 프로 일잘러'라고 말합니다. 분야를 넘나들며 다양한 영역에서 성과를 내는 방법을 궁금해합니다. 방법이 뭘까 생각해 봤는데요. 운이 좋게도 다양한 분야에서 일을 잘하는 리더, 전문가, 팀원을 만나 함께 일한 경험 덕분이었습니다. 일을 잘하고 싶어서 그들의 업무 방식을 관찰하고 학습하려 노력했어요. 맞는 방법은 체화하고 맞지 않는 방법은 걸러내며 점차 나만의 일하는 패턴을 찾아갈 수 있었습니다.

일을 잘하는 사람은 자신만의 구조화된 '사고 체계'와 실행력을 높이고 성과를 만들어내는 '업무 시스템'이 있었습니다. 거기에 자신에게 딱 맞는 '도구'를 장착해 날개를 달아줍니다. 저는 Notion이라는 날개를 달고 업무 생산성이 빠르게 높아졌어요. Notion으로 저에게 맞는 업무 시스템을 구축하고 즐겁게 일하고 있습니다. 또한 이를 기반으로 개인과 팀이 '생산성을 높이는 업무 시스템'을 구축할 수 있도록 코칭하고 있습니다.

업무 생산성을 높여주는 도구, Notion

생산성이란 어떤 작업을 수행하는 데 소요되는 시간과 노력 대비 얼마나 많은 결과를 얻을 수 있는지를 나타내는 척도입니다. 더 적은 자원을 사용하여 더 많은 결과를 얻을수록 생산성이 높다고 말합니다.

일을 잘하는 사람은 업무 생산성을 높여주는 시스템과 도구 사용에 능숙합니다. 요즘 시대는 업무를 돕는 쉽고 빠른 디지털 도구들이 쏟아져나오고 있습니다. 그런데도 여전히 일을 잘하는 사람도, 일을 못하는 사람도 존재합니다. 그 이유는 무엇일까요? 이 책에서는 제가 관찰한 일을 잘하는 사람의 특징을 소개하고, 일잘러를 위한 Notion 활용법을 소개하려 합니다.

Notion은 업무 생산성을 높여주는 일잘러의 필수 도구로 많은 사랑을 받고 있습니다. 여러분도 기업이나 플랫폼에서 제공하는 다양한 Notion 페이지를 만나보셨을 겁니다.

공기업, 기업, 학교 등의 채용 페이지와 상품 소개 페이지, 행사 페이지, 가이드북 등 다양한 영역에서 이미 Notion을 사용하고 있으니까요.

Notion은 개인의 노트, 일정 관리, 포트폴리오부터 팀의 프로젝트 관리와 협업 그리고 회사의 웹사이트까지 만들 수 있는, 다재다능한 디지털 생산성 도구입니다. 2016년 미국의 실리콘밸리에서 시작되어 2024년 현재 전 세계에 수백만 명 이상의 사용자를 보유하고 있습니다. 2020년 한국어 버전이 출시되면서 국내 사용자가 폭발적으로 늘었습니다.

강의 현장에 있으면서 Notion의 인기를 실감하는데요. 대학생들의 취업 준비와 포트폴리오 작성, 공공기관 재직자들의 자료 정리와 아카이빙, 직장인을 위한 프로젝트와 협업, 소상공인을 위한 사이트 제작, 프리랜서와 개인을 위한 일정 관리 등 다양한 분야의 사용자들이 생산성 도구로 Notion을 선택하고 사용 영역을 점차 넓히고 있습니다.

올인원 워크스페이스, Notion ▲

매일 아침 Notion으로 출근합니다

저는 원래부터 디지털 도구를 잘 다루는 사람이 아니었습니다. 종이 다이어리가 더 편한 아날로그 세대였죠. 주변에서 에버노트(디지털 메모 앱)를 추천할 때도 여전히 스프링 노트를 고집했어요. '일기는 노트에 펜으로 써야 맛이지' 하면서요.

그러다 새로운 일을 시작하려고 준비하고 있을 무렵, 코로나19 팬데믹이 시작되었고 오프라인으로 듣던 수업이 온라인으로 전환되었습니다. 강의는 줌(ZOOM)으로 진행되고 수업 자료도 파일, 영상, URL, PDF 등 디지털 자료로 제공이 되니 노트에 정리하는 데 한계가 있었어요.

그때 Notion을 알게 되었습니다. 온라인 강의 영상을 Notion에 담아서 어디서나 시청하며 기록했고, 내용이 많아지면 페이지로 묶어 주차별로 정리했습니다. 이미지, 영상을 비롯해 다양한 유형의 파일을 한 곳에 모을 수 있으니 자료가 흩어지지 않고 경로가 단일화되어 효율적으로 학습할 수 있었습니다.

무엇보다 코드 없이 쉽게 사용할 수 있는 직관적인 도구라서 IT 전문가가 아닌 저도 쉽게 사용할 수 있는 데다가 모든 것이 무료라니 신기할 뿐이었지요. 물론 현재는 협업하는 게스트가 많아지면서 유료를 사용하고 있지만, 개인이 사용하기에는 무료도 충분합니다. 이제 저는 업무를 Notion으로 사용하는 영역이 넓어졌고, 하루가 Notion으로 시작해서

KEY POINT **무료 요금제와 유료 요금제의 게스트 차이**

모든 페이지는 무료로 URL을 생성하고 공유, 편집할 수 있기 때문에 링크를 가진 사용자와의 협업은 무료 요금제로도 충분합니다. 만일 특정 팀원만을 위한 협업 도구로 사용한다면 게스트로 초대해 팀원들만 작업하는 공유 공간을 만들어서 보안을 유지하며 편리하게 공동 작업할 수 있습니다.

무료 요금제는 10명, 플러스 유료 요금제는 100명까지 게스트를 초대할 수 있습니다.

Notion으로 끝납니다. 목표 계획, 프로젝트 관리, 일정과 업무 관리 시스템, 강의 기획, 책 쓰기 자료 조사, 포트폴리오, 일상 기록까지 모두 Notion으로 하고 있어요. 그렇게 저는 매일 아침 Notion으로 출근합니다.

Notion, 시작이 어렵다면

Notion은 어른을 위한 재미있는 디지털 놀이터예요. 개인의 업무, 성격, 환경에 따라 자유롭게 커스터마이징해서 디지털 세상에 자신만의 우주를 만들 수 있으니까요. 또한 각자에게 꼭 필요한 디지털 노트를 구상하고, 기록하고, 공유하고, 게시하고, 일할 수 있는 공간이지요. 강의 현장에서 학습자가 쉽게 만든 페이지가 웹에 게시되면 "와! 왜 이제야 Notion을 알게 됐을까!"라는 탄성을 종종 듣게 됩니다.

Notion은 활용도가 많은 만큼 무엇부터 시작해야 할지 어려움을 느낄 수 있어요. 방대한 기능에 시작할 엄두를 못 내고 급한 일에 밀리기도 합니다. Notion을 마스터하기 위해서는 무리하지 않고 꾸준히 사용하는 것이 중요합니다.

시작이 어렵다면 이 책을 무작정 따라해 보세요. 하루 10분, 재미있게 미션을 달성하다 보면 자료가 한 곳에 모이고, 복잡했던 업무가 심플하게 정리될 거예요.

아침에 일어나 Notion 플래너에 하루를 계획하고, 프로젝트 페이지에서 협업하고, 명함 대신 Notion 포트폴리오로 나를 알리고, 잠들기 전 Notion 일기장에 하루를 기록하는 겁니다. 그렇게 Notion이라는 신세계가 열립니다.

이 책은 다릅니다

하루 10분, 4주 기초부터 활용까지 마스터하는 체크리스트

하루 10분, 4주 마스터를 목표로 기초부터 활용까지 체계적으로 정리했어요. Notion 마스터 체크리스트에 체크하면 주차별 달성률에 자동으로 반영됩니다. 나의 학습 진행 상황을 눈으로 볼 수 있기 때문에 Notion을 처음 시작하는 분들도 쉽고 재미있게 배울 수 있습니다.

Notion 마스터
체크리스트와
부록

하루 10분, 4주 Notion 마스터 주차별 커리큘럼	
1주 차	Notion과 친해지기
2주 차	데이터베이스 파헤치기
3주 차	데이터베이스 활용하기
4주 차	Notion 고수되기

일잘러의 업무 역량을 확장하는 4 STEP

Notion을 잘 사용하기 위해서는 용도에 맞는 활용법을 알아야 합니다. 4주 동안 기능만 배우는 것이 아니라 일잘러의 업무 역량을 확장하는 Notion 활용법 4단계를 직접 실습해볼 수 있도록 구성했습니다.

일잘러의 업무 역량을 확장하는 Notion 활용법 4 STEP		
1 STEP	수집	시간은 줄이고 전문성은 높이는 문서 작성 **[만능 노트]**
2 STEP	정리	방대한 자료를 한 곳에 정리하는 **[아카이브 자료실]**
3 STEP	추출과 표현	진행 과정을 실시간으로 보는 **[프로젝트 관리와 협업]**
4 STEP	시스템	나를 체계적으로 관리하는 **[일정과 업무 관리 시스템]**

* 4 STEP 과정은 p.50에서 자세하게 소개합니다.

생산성을 높이는 Notion 업무 자동화와 브랜딩 스킬

Notion의 자동화 기능을 활용해 업무 생산성을 극대화할 수 있습니다. Notion을 사용한다면 꼭 활용해야 하는 자동화 기능과 Notion AI 글쓰기, 그리고 최근에 추가된 Notion 캘린더까지 생산성을 높일 수 있는 기능에 대해 쉽게 설명했습니다. 또한 온라인에서 개인을 브랜딩할 수 있는 포트폴리오 제작 방법을 소개하고 템플릿을 제공합니다.

생산성 높이기	업무 자동화	Notion 자동화 시스템 만들기
		Notion AI 글쓰기
	Notion 브랜딩	Notion 포트폴리오 만들기

개인의 고유한 사고 체계를 반영하는 업무 관리 시스템

업무 관리와 일정 관리 시스템은 Notion에서 가장 배우고 싶어 하는 영역입니다. 그만큼 많은 템플릿이 공유되고 있지만, 막상 사용해보려면 불편함을 느꼈을 거예요. 자신의 사고 체계에 따른 업무 흐름과 맞지 않기 때문입니다.

다음은 저의 업무 관리 시스템입니다. 3년간 수정하면서 저에게 맞는 업무 흐름으로 만든 시스템이에요. 저는 심플하고 유연한 흐름을 좋아하기 때문에 그에 맞게 업무 관리 페이지를 만들었습니다.

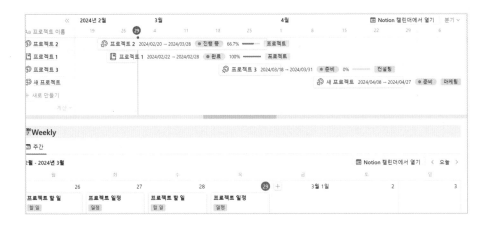

이 템플릿 또한 참고는 될 수 있지만 모두에게 딱 맞을 수는 없습니다. 지식과 정보를 저장하고 업무를 처리하는 과정은 각기 다르니까요.

일을 잘하는 사람은 많은 지식과 정보를 보관하고 관리하는 제2의 두뇌가 있습니다.

Notion은 개인의 업무 처리 과정을 반영한 제2의 두뇌로 사용하기에 좋은 도구입니다. 이 책은 Notion을 제2의 두뇌로 사용해서 자신에게 맞는 업무 시스템을 만들어갈 수 있도록 구성했습니다.

효율적인 업무 시스템을 만드는 일은 쉽지 않습니다. 오랜 시간이 걸릴지도 모릅니다. 하지만 자신에게 적합한 시스템을 만들 수 있다면 생산성이 몰라보게 달라질 거예요. 저는 Notion을 사용한 후 이전보다 더 많은 일을 하고 있지만, 놓치는 일 없이 빠른 시간 안에 좋은 성과를 내고 있습니다.

처음 Notion을 사용할 때는 흩어진 자료들을 모아놓기 바빴습니다. Notion 안에서도 체계를 잡고 정리하는 일이 어려워서 포기하고 싶은 마음이 들기도 했죠. 하지만 꾸준히 기록하고, 분류하고, 시스템의 체계를 뒤집으면서 마침내 Notion을 스마트하게 활용하는 '4 STEP'을 찾을 수 있었습니다.

그리고 바로 이 책에 3년 동안 작업하며 정리한 내용을 담았습니다. 4주 동안 '스마트한 일잘러들의 Notion 시크릿 활용법 4 STEP'을 마스터할 수 있도록 정리했습니다. 4 STEP의 최종 목표는 자신을 업그레이드할 수 있는 '맞춤형 자기 성장 관리 시스템'을 만드는 것입니다.

각 단계마다 Notion 사용법을 배우면서 자신에게 맞는 방법이 무엇인지 깊이 고민하고, 여러 번 수정하고, 전체를 뒤집는 작업을 해보시기 바랍니다. 단계마다 나 자신과 협업하며 생각의 체계를 잡고, 성장하는 자신을 발견할 수 있을 것입니다.

컴퓨터와 친하지 않은 왕초보를 위한 'Notion 언어 사전' 수록

Notion을 사용하면서 가장 어려웠던 점이 생소한 용어들이었습니다. Notion에서 사용하는 언어도 이해하기 바빴지만, 컴퓨터 언어와 다양한 앱의 이름도 어렵게 느껴졌지요. 뜻을 찾다가 포기하는 분들을 위해 부록으로 'Notion 언어 사전'을 수록했습니다. 많이 들어봤지만 막상 정확한 뜻은 잘 모르는 IT부터 임베드, 트렐로 등 다양한 사용 언어까지 사전에 담았습니다.

더 놀라운 사실은 이 모든 답을 Notion AI에게 물어보니 빠르고 정확하게 알려줬다는 점입니다. 템플릿에도 넣어두었으니 더 궁금한 언어가 있다면 Notion AI에게 물어보고 나만의 언어 사전을 만들어보세요.

정기적으로 업그레이드되는 Notion 자료와 템플릿

Notion은 정기적으로 업그레이드됩니다. 사용자의 피드백을 반영해 기능을 업그레이드하거나 새로운 기능을 추가하죠. 2024년 1월에 Notion 캘린더가 나온 것처럼요. 그래서 이 책으로 끝낼 게 아니라 새로운 기능을 지속적으로 배울 수 있도록 학습 템플릿을 함께 제공합니다.

이제 Notion이라는 새로운 세상에 당신만의 공간을 만들 준비가 되셨나요? 스마트한 Notion 워크스페이스로 여러분을 초대합니다.

2024년 7월,

노션 공식 앰버서더 이유미

CHAPTER 1
업무 생산성을 높여주는 필수 도구, Notion

03 성공하는 사람들의 업무 습관 Notion에 적용하기

04 4주 마스터! Notion 시크릿 활용법

CHAPTER 2
Notion 워크스페이스에 초대합니다

CHAPTER 3
하루 10분, 4주 만에 마스터하기

CHAPTER 4
비용은 줄이고 효율은 높이는 Notion 자동화

CHAPTER 5
Notion AI로 10배 쉽게 글쓰기

01 Notion AI 알아보기

02 Notion AI로 글쓰기

03 Notion AI로 데이터베이스 자동 채우기

CHAPTER 6
감각적인 스마트 워커를 위한 Notion 포트폴리오

부록

01 Notion 마스터 체크리스트

02 템플릿 모음

03 Notion 언어 사전과 연동 앱

업무 생산성을
높여주는 필수 도구,
Notion

CHAPTER 1

01 Notion이란?

개인과 팀 모두가 발전하고 성장하도록 돕는 도구

일을 잘하는 사람, 줄여서 '일잘러'는 어떤 사람일까요? 일잘러는 일상뿐만 아니라 사회 생활에서도 주체적 성장을 중요시하는 MZ세대를 반영하는 말입니다.

일잘러는 단순히 주어진 업무를 잘 수행하는 사람만을 뜻하지 않습니다. '자기계발'과 '자율적이고 주체적인 삶'을 모토로 하는 사람들을 가리킵니다. 틀에 박힌 기존의 직장 생활에서 벗어나 스스로 원하는 직무를 찾고 그에 맞는 역량을 키우는 사람들로, 적극적인 자기 경영의 의미를 담고 있습니다.

효과적인 시간 관리, 업무 조직, 협업 능력은 성공하는 일잘러가 되기 위한 필수 역량입니다. 그리고 복잡한 업무 환경에서 생산성 도구는 업무의 효율성을 높이는 데 중요한 키가 되죠.

일을 잘하는 사람들은 자신에게 맞는 업무 방법과 도구를 찾기 위해 끊임없이 노력합니다. 그 방법은 모두 다를 수 있지만 제가 현장과 책에서 만난 일잘러들은 공통된 특성이 있었습니다. 먼저 그 특성을 소개하고, 일잘러가 Notion을 선택하는 이유와 생산성을 높이는 전략적 Notion 활용법을 소개할 것입니다.

협업 소프트웨어 Notion은 메모부터 프로젝트 관리, 사이트 제작까지 다양한 업무를 한 곳에서 처리할 수 있는 올인원(All-in-one) 생산성 도구입니다. 또 Notion은 블록 시스템을 기반으로 하며 디자인이 심플하고 커스터마이징이 자유롭습니다. 이러한 특성 때문에 다양한 종류의 콘텐츠를 저장하고 관리할 수 있죠.

그뿐만 아니라 일상과 일의 균형을 유지하며, 주체적으로 몰입하여 가치 있는 목표를 달성하는 데 필요한 도구와 자원을 제공합니다. 이를 통해 개인과 팀 모두가 발전하고 성장할 수 있습니다.

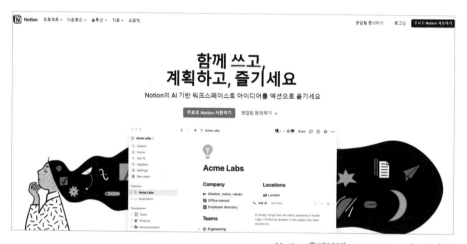

Notion 홈페이지(www.notion.so/ko-kr) ▲

02

올인원 워크스페이스, 왜 유용할까?

Notion을 강의하면서 "새로운 앱이 날마다 쏟아지는데, Notion은 언제까지 살아남을 수 있을까요?", "배워야 할 업무 툴이 쌓여 있는데 또 Notion까지 배워야 하나요?" 등 사용자들의 다양한 고민을 들었습니다. 저도 이 부분을 깊이 고민했는데요, 그럼에도 결론은 '사용하는 도구가 많아질수록 Notion은 더 필요하다'였습니다. 그 이유는 무엇일까요?

모든 자료를 하나로 모으는 지식 관리 시스템

첫째, 올인원 워크스페이스인 Notion은 업무 시간을 줄여줍니다

잠깐 눈을 감아보세요. 그리고 여러분의 기억, PC, 서랍, 캐비넷, SNS, 아이디어 노트에 흩어져 있는 소중한 자료들을 떠올려보세요. 언제든지 편하게 꺼내어 쓸 수 있도록 잘 정리되어 있나요? 언제 사용할지 몰라 노트, PC, 노트북, USB, 클라우드 드라이브, SNS

올인원 워크스페이스 Notion ▲

에 모아 놓은 자료들, 다양한 도구로 작업한 이미지, 디자인, PPT, 영상 자료들, 프로젝트를 진행하며 잔뜩 모아 두었던 레퍼런스와 경쟁자 분석 자료, 언론기사까지. 생각만 해도 골치가 아프지 않나요?

온·오프라인의 경계가 모호해지고 정보가 폭발적으로 쏟아지는 시대에 무엇보다 필요한 능력은 지식과 정보의 체계적인 관리입니다. '정보를 얼마나 체계적으로 정리하고, 필요할 때 얼마나 빠르게 꺼내 쓸 수 있는가'는 일을 잘하고자 하는 사람에게 꼭 필요한 능력인 것이죠.

Notion은 하위 페이지를 무한 생성할 수 있고, 데이터베이스를 구조화할 수 있어 자료를 체계적으로 정리힐 수 있습니다. 또한 검색 기능으로 필요한 자료를 빠르게 찾아 쓸 수 있습니다.

그뿐만 아니라 다양한 앱의 데이터를 Notion으로 쉽고 빠르게 임베드(Embed)할 수 있어요. 임베드란 특정 웹 콘텐츠를 다른 웹페이지나 앱으로 가져오는 기능을 말합니다. 예를 들어, 유튜브 동영상을 Notion에 임베드하면 Notion 페이지에서 직접 동영상을 시청할 수 있어요. 이러한 임베드 기능으로 사용자가 필요한 모든 작업 도구를 한 곳에서 접근하고 관리할 수 있게 해주므로 업무 흐름을 간소화하고 생산성을 향상시킬 수 있습니다.

예를 들어볼게요. 구글 드라이브의 문서, 스프레드시트, 프레젠테이션 등의 파일을 Notion 안에 모아두면 다양한 유형의 파일이 한눈에 보이고, 클릭 한 번으로 바로 이동할 수 있어요. 정보를 찾는 데 걸리는 시간을 줄여주고, 다른 앱 사이를 오가며 작업하는 불편함을 해소할 수 있으니 업무 시간이 단축되겠지요?

또한 업무에 사용하는 다양한 앱을 Notion에 직접 임베드할 수도 있습니다.

프로젝트팀이라면 트렐로(Trello, 프로젝트 관리 및 협업 도구)의 프로젝트 관리 보드를 Notion에 통합할 수 있어 일정 관리와 작업 추적이 훨씬 편리해집니다. 디자인팀이라면 피그마(Figma, 디자인 도구)를 사용해 디자인 파일을 공유하고 피드백을 받는 과정을 Notion 내에서 진행할 수 있어요. 개발팀의 경우 깃허브(GitHub, 소프트웨어 개발 프로젝트를 위한 공유 웹서비스)를 임베드하여 코드 보기와 이슈 추적을 Notion에서 직접 관리할 수 있습니다.

Notion으로 데이터 가져오기 ▲

실제로 스타트업 직원들을 대상으로 사용하고 있는 툴을 조사하니 업무에 따라 정말 다양한 도구(프로젝트 협업, 메신저, 웹디자인, 문서 작성 등)를 사용하고 있었어요. 그중 공통적으로 사용하는 도구가 Notion이었습니다.

그 이유는 다양한 앱의 자료를 모을 수 있으니까 기존에 사용하던 앱을 그대로 사용하면서도 통합 관리할 수 있고, 팀 프로젝트의 전체 일정을 관리할 수 있기 때문이라고 합니다.

팀원과 협업하는 효율적인 업무 관리 시스템

둘째, 공유에 최적화되어 업무를 효율적으로 관리하고 협업할 수 있습니다

업무의 형태가 날로 변하고 있다는 것은 현장에서 더 체감하실 거예요. 업무 영역이 해체되고 융합되는 것은 물론이고, 크고 작은 프로젝트에 따라 팀이 생성되고 협업하고 흩어집니다. 이런 시대에 중요한 역량은 소통과 협업 능력이에요. 다양한 분야의 전문가들이 모이다 보니 거주지, 국적, 사용하는 툴, 언어까지 다를 수 있습니다.

Notion은 공간과 언어, 프로그램의 유형에 제한받지 않고 한 공간에 자료를 공유하고 업무 진행 상황을 파악하고 일정을 관리함으로써 효율적인 업무 관리 시스템을 만들 수 있는 최적의 도구예요.

Notion 페이지에 팀원을 초대하고, 기획서를 공유하고, 함께 회의하고, 피드백을 댓글로 달아 수정된 내용을 빠르게 작성해서 공유합니다.

팀원의 아이디어를 공유하고, 서로의 작업을 실시간으로 확인하고 검토할 수 있어요. Notion의 To do list, 캘린더, 리마인더 기능으로 각자의 업무를 명확하게 관리하고, 팀원 간의 업무 분배와 진행 상황을 쉽게 파악하고 조정할 수 있어요. 누가 어떤 업무를 맡고 있는지, 어떤 업무가 진행 중인지, 어떤 업무가 완료되었는지 등을 쉽게 파악할 수 있어요. 그래서 팀원 중 한 명에게 갑자기 일이 생기거나 누군가 퇴사를 하더라도 누구든지 업무를 쉽게 파악할 수 있습니다.

이외에도 Notion의 차별화된 다양한 강점 때문에 많은 일잘러들이 Notion을 선택하고 있어요.

03 성공하는 사람들의 업무 습관 Notion에 적용하기

일을 잘하는 방법에 정해진 답은 없습니다. 그러나 성공적으로 업무를 수행하는 사람들 사이에는 명확한 공통 습관이 존재합니다. 이 특성을 이해한 후 Notion에 적용한다면 업무 수행 능력을 더욱 향상시킬 수 있을 거예요. 일잘러가 가지고 있는 일곱 가지 특성과 Notion으로 일잘러의 특성을 실행할 수 있는 아이디어를 소개합니다.

Notion을 제2의 두뇌로

"시대의 천재들과 혁신가들은 모두 제2의 뇌를 갖고 있었다. 세컨드 브레인은 정보와 지식을 보관하는 저장소이자 상상과 영감을 실현하는 현상소이고, 관점과 언어를 디자인하는 액자이자 목표와 실행을 연결하는 다리다."

– 티아고 포르테(《세컨드 브레인》 저자)

생산성 개발 분야의 전문가이자 세계적인 권위자인 티아고 포르테는 정보 과부하 시대에 아이디어와 정보를 관리하기 위한 새로운 시스템으로 '세컨드 브레인'이라는 개념을 만들었습니다.

세컨드 브레인은 머릿속 정보를 구조화하고 관리하기 위한 디지털 시스템을 말합니다. 세컨드 브레인, 즉 제2의 뇌를 잘 구축하면 정보와 지식을 저장하고 상상과 영감을 실현하고 목표를 실행하는 탁월한 전략 도구가 될 수 있습니다.

포르테는 그의 책《세컨드 브레인》에서 제2의 뇌를 만들 수 있는 디지털 도구로 Notion을 추천하면서 그 이유로 Notion의 강력한 네 가지 특징을 꼽았습니다.

- 형태에 제한이 없다.
- 격식을 갖출 필요가 없다.
- 자유롭고 개방적이다.
- 실행 중심적이다.

Notion은 형태에 제한이 없기 때문에 자신의 사고 체계에 맞는 제2의 뇌를 만들기에 적합합니다. 그뿐만 아니라 정리한 정보를 검색, 공유, 백업, 편집, 연결, 다른 기기와의 동기화를 비롯한 여러 기능을 활용해 업무 생산성을 극대화할 수 있어요.

또한 아이디어를 기록하고 조직화하여 창의적인 아이디어를 생성할 수 있습니다. 예를 들어, 회의나 강의 중에 떠오른 아이디어를 즉시 Notion에 기록하고 나중에 검색해 활용할 수 있어요.

디지털 도구로 Notion을 선택했다면 다음 단계는 '어떻게 만들어갈 것인가'입니다. 포르테는 세컨드 브레인을 구축하는 4단계로 CODE[수집(Capture)－정리(Organize)－추출(Distill)－표현(Express)]의 과정을 소개합니다. 이 4단계를 자세히 살펴보고, Notion에 어떻게 적용할 수 있는지 알아볼게요.

Notion으로 '세컨드 브레인' 구축하기				
구축 4단계(CODE)	수집	정리	추출	표현
Notion 활용법	아이디어 노트 자료 수집 창고 문서함	데이터베이스 체계화 아카이브	프로젝트 기획 웹페이지 포트폴리오	공유 협업 웹 게시

수집

정보나 아이디어를 포착하고 가치 있는 정보들을 빠르게 수집하는 단계입니다. 이 단계에서 수많은 아이디어가 떠오르고 확장될 수 있어요. 진행하는 프로젝트의 아이디어를 기록하는 아이디어 노트, 일상에서 만나는 자료들을 빠르게 수집하는 자료 수집 창고, 다양한 데이터를 모으는 문서함으로 활용할 수 있죠.

정리

수집한 정보를 정리하기 위해서는 분류 기준과 체계가 필요해요. 실제로 Notion을 사용할 때 페이지의 체계를 잡는 일이 가장 어렵고 많은 시간이 소요됩니다. 처음부터 완벽한 체계를 갖추려 하기보다는 '어떻게 실행할 것인가'를 기준으로 정리하면 좋아요. 프로젝트의 해야 할 작업을 데이터베이스에 체계적으로 분류·정리하고, 가치 있는 자료는 장기 보관함이나 아카이브에 저장할 수 있어요. 이 책에서는 체계적인 분류 기록법으로 균형과 몰입을 돕는 '하루경영 분류 기록법'과 《세컨드 브레인》에 나온 'PARA 분류법'으로 Notion의 카테고리를 분류하는 방법을 소개할게요.

추출

정리한 자료로 결과물을 만드는 과정이에요. 프로젝트에 필요한 핵심 키워드와 스토리, 실행 아이디어를 추출해서 보고서, 기획서, 제안서, 회의록 등의 문서를 작업할 수 있어요. Notion의 올인원 강점을 이용해 영상, 이미지, 데이터 자료를 첨부해서 시각적 결과물을 추출해내기도 해요.

표현

다른 사람과 공유하는 단계입니다. 팀원과 공유하고 활발한 소통을 함으로써 창조적인 공동작업을 할 수 있어요. 투자 제안을 할 수도 있고, 프로젝트를 알리고 참여자를 모집할 수도 있습니다.

《세컨드 브레인》은 실행에 중점을 둡니다. 처음부터 완벽하게 구성하려고 하면 기록하는 것만으로도 버거워 포기하게 될 수 있어요. 간단한 자료부터 수집하고 정리하면서 작은 결과물이라도 추출해서 공유해보세요.

점차 자신에게 맞는 '제2의 두뇌 관리 시스템'을 구축하고 생산성이 향상될 거예요. 이 과정을 4주 동안(1주-수집, 2주-정리, 3주-추출과 표현, 4주-시스템) 진행할 수 있도록 체계적으로 알려드리겠습니다.

자기 경영을 위한 기록법

기록학자 김익한 교수는 자신의 저서 《거인의 노트》에서 "성장을 지속하고 싶다면 삶을 기록하라. 유능해지고 싶다면 일을 기록하라."고 말합니다. 삶과 일의 기록은 성장을 돕는 최고의 무기입니다.

일잘러는 자신만의 고유한 기록법을 가지고 있습니다. 기록은 개인의 작업 습관, 생각의 흐름 그리고 정보를 처리하고 저장하는 방식에 따라 달라집니다. Notion을 활용하면 이런 개인의 특성을 반영한 맞춤형 기록 시스템을 만들 수 있습니다.

효과적인 기록을 위해서는 영역의 분류가 중요합니다. 저는 하루경영연구소에서 균형과 몰입으로 행복한 하루를 경영하는 자기 경영 프로그램을 운영합니다. 그래서 체계적인 기록을 위해 방대한 자료를 분류하는 일을 중요하게 생각하죠. 여기서는 균형과 몰입을 통해 생산성을 높이는 '하루경영 분류 기록법'과 티아고 포르테의 'PARA 분류법'을 소개합니다.

균형과 몰입의 하루경영 분류 기록법		
균형	몰입	
라이프(4개의 기둥)와 플래너	프로젝트	관리 시스템

균형 : 라이프(4개의 기둥)

삶이 어느 한 곳에 치우치지 않고 균형을 잡을 수 있도록 4개의 기둥(나−가족−업무−관계)으로 영역을 나누어 계획하고 기록합니다. 연간, 월간의 계획을 세우고 매월 말에 성장 보고서를 작성합니다. 그렇게 장기 성장과 단기 성장을 지속적으로 기록하면서 자신만의 히스토리를 만들어가요.

몰입 : 프로젝트와 관리 시스템(Project & System)

- **프로젝트** : 목표를 달성하기 위한 프로젝트와 실행 계획을 기록해요. 작업이 완료되었는지, 목표를 향해 가고 있는지, 과정을 계획하고 점검하며 새로운 프로젝트를 기획할 수 있어요.
- **관리 시스템** : 4개의 기둥을 중심으로 계획을 세우고, 핵심 업무에 몰입할 수 있는 흐름, 즉 시스템을 시각화해서 기록해요. 연간 계획부터 하루의 계획까지 한눈에 보는 일정과 업무 관리 시스템으로 자연스럽게 핵심 업무에 몰입하는 흐름을 만들 수 있어요.

PARA 분류법			
프로젝트(Project)	영역(Area)	리소스(Resource)	아카이브(Archive)
정해진 기한 안에 완료해야 하는 결과 측정 가능한 작업	일과 인생을 위해 지속적인 관점이 필요한 영역	관심을 갖고 모으는 자원, 정보, 자료	더 이상 활동이 없지만 보관할 가치가 있는 정보

하루경영의 분류법에 따라 Notion에 기록하면서 삶과 업무의 균형을 잡고 몰입해서 성과를 내는 하루를 경영할 수 있었습니다. 자원과 보관의 영역은 PARA 분류법에 근거해

서 보다 체계적으로 정리한 걸 볼 수 있어요. 다음은 하루경영 분류 기록법에 따라 Notion으로 구성한 예시와 PARA 분류법을 적용한 예시입니다. 여러분의 상황에 맞게 적용해보세요.

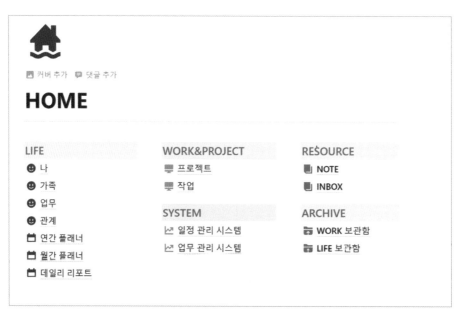

하루경영 분류 기록법 적용 ▲

Notion MY HOME (PARA)

프로젝트(Project)
- ⚙ 프로젝트 관리 시스템
- ⛩ 프로젝트 관리
- 🛫 작업 관리
- 📑 부서 관리
- 👤 팀원 관리
- ☼ 콘텐츠 관리
- 🗄 문서함

영역(Area)
- 📅 하루 경영 플래너
- ◎ 연간/월간/일간 플래너
- 😀 감정 일기
- 📝 학습 기록
- 👪 가족/관계
- 🍴 식단 관리
- 🎰 재정 관리

리소스(Resource)
- 📖 도서 목록
- 💧 취미 노트
- ➡ 관심 정보
- ⛵ 여행 목록
- ✏ 책쓰기

아카이브 (Archive)
- 🏛 회사 사이트
- 🏆 포트폴리오
- 🔖 NOTE
- 🔁 웹클리퍼
- 🔀 아카이브

PARA 분류법 적용 ▲

핵심 업무 몰입력 높이기

몰입력은 특정 활동에 집중하고 그 활동에 완전히 흠뻑 빠져들어 주변 환경이나 시간에 대한 인지를 못 하는 상태를 말해요. 몰입은 높은 집중력과 깊은 관심으로 이루어지는데요, 이러한 상태에서 최고의 성과를 낼 수 있습니다. 일잘러는 복잡한 업무를 성공적으로 수행하기 위한 몰입력이 있어요.

'멀티태스킹'(Multitasking)은 여러 작업을 동시에 처리하는 능력을 의미합니다. 하지만 실제로는 사람이 동시에 여러 가지 일에 집중하기는 어렵죠. 멀티태스킹이 여러 일을 동시에 빠른 속도로 오가며 처리하는 것이기 때문에 오히려 효율이 떨어진다는 연구 결과가 있어요. 이에 힘이 실리면서 멀티태스킹이 아닌 '멀티 스위칭'(Multi Switching)을 하라고 말합니다.

멀티 스위칭은 동시에 실행해야 하는 작업이 있을 때 한 가지 일에만 몰입해서 목표를 달성한 후, 다른 일로 빠르게 전환해서 다시 몰입할 수 있는 능력입니다. 핵심 업무의 스위치를 ON하고 업무를 처리한 후에 OFF하고, 다음 업무 스위치를 ON하는 방식입니다. 일잘러는 ON/OFF의 빠른 멀티 스위칭으로 집중력과 시간 관리 능력을 발휘합니다.

그런데 현실적으로 한 가지 일에 몰입하기 힘들 때가 많죠. 다양한 영역에서 역할을 수행해야 하고, 동시에 여러 프로젝트가 진행됩니다. 일을 마무리하기 전에 새로 시작해야 할 일이 쌓입니다. 하나에 집중하는 동안 해야 할 다른 일을 놓치지는 않을까 불안해집니다. 그럴수록 어떤 일에도 집중하기 어려워지고요.

이때 중요한 것은 '왜 몰입해야 하는지' 그 이유를 찾고, 최종 목표를 달성하기 위해 진행되는 핵심 업무를 파악하는 것입니다. 중요한 일에 우선순위를 정하고 각각의 업무에 몰입할 시간을 배분합니다.

시간을 확인하고 제어할 수 있는 ON/OFF 장치와 일의 달성도 및 진행 상황을 확인할 수 있는 환경을 만드는 것도 몰입에 도움이 됩니다.

Notion을 활용해 다음과 같은 방법으로 몰입을 위한 자신만의 시스템을 구축해보세요.

해야 할 업무 파악하기

현재 해야 할 모든 일을 기록해서 눈으로 확인합니다. 몰입을 위해서는 삶의 균형이 중요합니다. 업무 영역뿐 아니라 자기 관리, 가족, 사회적 관계의 영역까지 해야 할 모든 일을 적는 것이 포인트입니다.

목표 설정

이 일을 왜 해야 하는지, 무엇을 위해 몰입해야 하는지 최종 목표를 기록합니다.

업무 영역의 분리

목표를 달성하기 위해 영역을 분리해서 방을 만든다고 생각하고 그룹화합니다. 그룹은 작은 하위 그룹으로 시작해서 상위 그룹으로 구조화할 수 있습니다. 각각의 방은 Notion에서 페이지에 해당합니다. 이 페이지를 열고 닫는 클릭의 행동이 ON/OFF 스위치 역할을 합니다.

일정 관리

영역별로 정리된 일의 우선순위를 정하고 중요한 일부터 Notion 캘린더에 기록합니다. 디지털 다이어리 서식을 만들어서 하루의 일정을 계획, 실행, 평가합니다.

올인원 자료 정리

업무를 처리하며 발생하는 아이디어, 자료, 정보는 Notion 문서함에 바로 저장합니다.

환경 설정

타이머와 음악 플레이리스트같이 업무에 집중할 수 있는 환경을 Notion에 세팅해보세요. 이 책에서는 다양한 타이머 중 집중력을 높이는 데 탁월한 포모도로 기법(Pomodoro Technique)을 소개합니다.

포모도로 기법은 학습이나 작업을 할 때 집중력을 높이는 데 탁월한 시간 관리 방법입니다. 포모도로 기법은 1980년대에 프란시스코 시릴로(Francesco Cirillo)에 의해 개발되었어요. 그의 '토마토' 모양 주방 타이머에서 따온 이름입니다(토마토를 이탈리아어로 포모도로라고 함). 포모도로 기법은 다음과 같이 방법은 간단하지만 효과는 뛰어납니다.

❶ 먼저 집중하고자 하는 작업을 선택합니다.

❷ 타이머를 25분으로 설정합니다. 25분 동안은 해당 작업에 집중해야 합니다.

❸ 타이머가 울리면 잠시 휴식을 취합니다. 휴식 시간은 5분입니다.

❹ 25분 집중과 5분 휴식을 반복합니다. 이를 '포모도로 한 번'이라고 부릅니다.

❺ 네 번의 포모도로를 완료하면 좀 더 긴 휴식 시간을 가집니다. 이 휴식 시간은 15~30분입니다.

이 기법은 업무를 단기간에 집중할 수 있는 시간으로 나눔으로써 집중력을 유지하고 피로를 줄이는 데 도움이 됩니다. 또한 짧지만 휴식 시간을 가짐으로써 뇌를 재충전하고 다음 작업에 대비할 수 있게 합니다.

Notion 작업 페이지에 포모도로를 세팅하고 핵심 업무를 할 때 사용해보세요.

KEY POINT   **Notion 위젯으로 포모도로를 사용하는 법**

Notion 자체에 포모도로 타이머를 설정하는 기능은 없습니다. 하지만 외부 포모도로 웹사이트를 이용하여 Notion에 포모도로 타이머를 추가할 수 있습니다.

❶ 포모도로 타이머를 제공하는 웹사이트(https://pomofocus.io)에 접속합니다.

❷ 해당 사이트에서 포모도로 타이머를 실행하고, URL을 복사합니다.

❸ Notion 페이지에서 '임베드'(embed) 블록을 추가하고, 복사한 URL을 붙여넣습니다.

❹ 이제 Notion 페이지 안에서 직접 포모도로 타이머를 사용할 수 있습니다.

이 방법을 통해 Notion에서 일하는 동안 집중력을 유지하고 시간 관리를 할 수 있습니다.

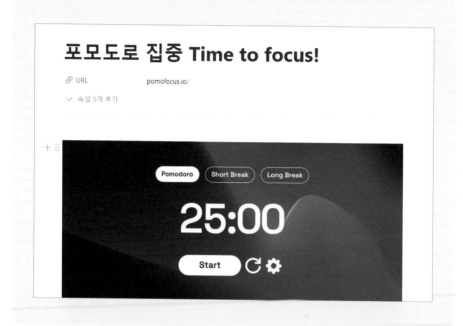

협업 시스템 구축과 활용

일잘러는 팀원, 동료, 멘토 등과 긴밀하게 협력하여 자신의 목표를 달성합니다. 이들과의 협업은 문제를 해결하고, 효율적으로 작업을 수행하는 데 필수적입니다. Notion은 팀원과의 협업을 쉽게 만드는 다양한 기능을 제공합니다.

팀 위키(Team Wiki)
Notion의 '공유 페이지' 기능을 통해 팀원들과 함께 업무 문서를 작성하고 편집할 수 있습니다. 이렇게 함께 작업하면 다양한 아이디어와 정보를 공유하고, 효율적으로 업무를 진행할 수 있습니다(* 위키 : 웹브라우저에서 공동 문서를 작성하고 내용을 추가할 수 있는 웹페이지 모음).

소통

멘션, 댓글, 리마인더, 슬랙(Slack) 자동화 기능 등 협업을 도와주는 기능이 있어요. Notion 의 '멘션' 기능을 이용해 특정 팀원을 호출하거나, '댓글' 기능을 이용해 문서에 의견을 남기는 등의 방법으로 업무 관련 소통을 원활하게 할 수 있습니다.

프로젝트 관리 템플릿

프로젝트 과정을 한눈에 볼 수 있는 관리 템플릿으로 팀원들의 업무 진행 상황을 쉽게 파악하고, 프로젝트의 전반적인 진행 상황을 한눈에 확인할 수 있어요. 각 팀원이 수행 하는 업무를 체계적으로 관리하고, 업무의 우선순위를 정하고, 중요한 기한을 효과적으 로 관리하는 데 도움이 됩니다. 3주 차의 프로젝트 관리와 협업에서 프로젝트를 성공적 으로 실행하기 위한 협업 시스템을 만들어보겠습니다.

효율적인 시간 관리법

일잘러는 시간을 효율적으로 관리하여 업무를 성공적으로 수행합니다. 효율적인 시간 관리는 업무의 성공률을 높이고, 스트레스를 줄이는 데 큰 도움이 되지요. Notion을 활 용해서 시간을 관리하고 업무를 체계적으로 계획할 수 있습니다. 또한 중요한 기한이나 일정을 쉽게 추적하고 관리할 수 있어요.

일정 관리 캘린더

한눈에 볼 수 있는 월간, 주간, 일간 일정을 만들고 관리해요. 캘린더를 활용해 일정을 시각적으로 파악하고, 중요한 일정을 놓치지 않을 수 있어요.

할 일 관리

업무를 하는 데 있어 우선순위를 정하고, 해야 할 일을 차근차근 계획해요. 이렇게 하면 진행 상황을 한눈에 보고, 필요한 일을 시간 내에 완료할 수 있어요. 할 일 목록 체크를 하면서 완료된 업무를 확인하면 성취감도 느낄 수 있어 작업의 효율성을 더욱 높일 수 있습니다.

시간 관리 시스템

프로젝트와 업무, 삶이 유기적으로 연결되고 작용할 수 있도록 시간 관리 시스템을 만들 수 있습니다. 4주 차의 자기 관리 시스템에서 월간, 주간, 일간 플래너를 만들고 시간을 관리하는 시스템을 만들어보겠습니다.

지속적인 성장 습관 만들기

일잘러는 지속적인 학습과 개발을 통해 자신의 역량을 향상시키는 습관을 가지고 있습니다. 끊임없이 자신의 능력과 지식을 확장하고 성장하죠. Notion은 효과적으로 성장 습관을 만드는 좋은 도구가 됩니다.

학습 관리

Notion에 학습 플랜을 세우고 학습을 관리할 수 있어요. 읽은 책이나 기사 요약, 새로 배운 지식이나 기술, 학습 계획 등을 정리해두면 필요할 때 언제든지 쉽게 찾아보고 복습할 수 있습니다. 장기적으로 학습이 필요한 영역이 있나요? '학습 목표' 페이지를 만들어서 어떤 분야에서 어떤 수준에 도달하고자 하는지 명확하게 기록하고, 매일의 학습 체크리스트를 만들어 기록하세요. 목표를 달성하는 과정에서의 성장을 시각적으로 확인하고, 개선 사항을 쉽게 파악할 수 있어요. 자신의 성장과 발전을 시각적으로 추적하면 강력한 동기부여가 될 것입니다.

습관 트래커

갓생, 미라클 모닝 같은 루틴 라이프는 성공하는 삶의 트렌드가 되었습니다. Notion에 습관 목표를 설정하고 실행 리스트를 만들어 체크하면 달성률을 확인할 수 있습니다. 매일, 매월의 달성률을 확인하면서 스스로를 동기부여하고 나아가 새로운 성장 습관을 만들어갈 수 있어요.

반복 템플릿 활용

반복적인 학습 활동을 효율적으로 관리할 수 있어요. 예를 들어, 책을 읽을 때마다 사용하는 '독서 기록' 템플릿, 온라인 강의를 듣는 데 사용하는 '강의 노트' 템플릿 등을 만들어두면 학습에 필요한 시간과 노력을 절약할 수 있습니다.
4주 차의 습관 트래커에서 자신의 루틴을 관리하고 습관화하는 템플릿을 만들어보겠습니다.

자신만의 성공 시스템 구축하기

"구슬이 서 말이라도 꿰어야 보배다."라는 속담이 있죠. 아무리 구슬이 많이 있어도 목걸이라는 쓸모를 만들어야 가치가 있다는 의미입니다. 방대한 자료를 모으기만 하면 오히려 업무에 방해가 될 수 있습니다.
일잘러는 많은 자원을 하나로 통합하고 운영하는 시스템과 프로세스를 만듭니다. 업무를 완수하는 데 있어 시작과 과정, 마무리까지 자신에게 맞는 개인화된 작업 관리 시스템을 만들 수 있어요. 이 시스템 안에서 때로는 독립적으로, 때로는 유기적으로 연결되어 네트워크를 형성하며 목표를 완수해갑니다.

4주 차의 메인 페이지 대시보드 만들기에서는 이러한 영역을 나누어서 정리하고, 전체적인 흐름을 기록하는 업무 관리 시스템을 만들어볼 것입니다.

이러한 일잘러의 특성을 기반으로 이 책에 '스마트한 일잘러들의 Notion 시크릿 활용법 4 STEP'을 4주 동안 마스터할 수 있도록 정리했습니다. 4 STEP의 최종 목표는 자신을 업그레이드할 수 있는 '맞춤형 자기 성장 관리 시스템'을 만드는 것입니다.

각 단계마다 Notion 사용법을 배우면서 자신에게 맞는 방법이 무엇인지 깊이 고민하고, 여러 번 수정하고, 전체를 뒤집는 작업을 해보시기 바랍니다. 단계마다 이루어지는 자신과의 협업으로 생각의 체계를 잡고, 점차 성장하는 자신을 발견할 수 있을 것입니다.

04

4주 마스터!
Notion 시크릿 활용법

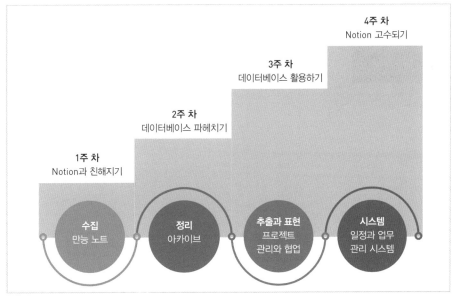

4주 마스터! Notion 시크릿 활용법 4 STEP ▲

1주 차(1 STEP) : Notion과 친해지기

(수집) 시간은 줄이고 전문성은 높이는 문서 작성 [만능 노트]

Notion 페이지에 문서를 작성하면 일상의 사소한 정보부터 중요한 업무 내용까지 모든 것을 한 곳에 기록할 수 있습니다. 이를 통해 시간을 절약하고 전문성을 높일 수 있어요. 또한 Notion의 강력한 검색 기능을 활용하면 필요한 정보를 빠르게 찾을 수 있습니다. 다음과 같이 노트를 원하는 양식으로 만들 수 있어요. 반복되는 서식은 템플릿으로 만들어 빠르게 생성할 수 있습니다.

다음과 같이 노트 페이지를 데이터베이스에 모아서 갤러리로 나만의 도서관이나 프로젝트 보드를 만들 수도 있고, 필터로 원하는 데이터를 모아서 볼 수 있어요.

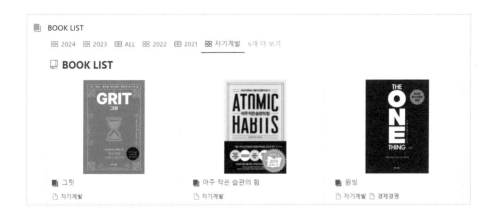

2주 차(2 STEP) : 데이터베이스 파헤치기

(정리) 방대한 자료를 한 곳에 정리하고 공유하는 [아카이브 자료실]

아카이브는 자료를 디지털화해서 한데 모아 관리하고, 필요할 때마다 검색을 통해서 원하는 정보를 쉽게 꺼내볼 수 있게 기록물을 관리하는 공간입니다.

Notion은 방대한 정보를 한 곳에 체계적으로 수집하고 정리하는 데 효과적인 도구입니다. 프로젝트마다 발생하는 자료들을 카테고리로 모아 정리하고, 프로젝트가 끝나면 아카이브 자료실에 장기 보관할 수 있습니다. 이 작업은 팀의 레퍼런스를 모으고, 팀원들이 쉽고 빠르게 필요한 정보를 찾을 수 있도록 해줍니다.

1주 차에서 문서를 작성했다면 2주 차에서는 Notion 데이터베이스에 문서를 체계적으로 아카이빙합니다. 이 지식 보관 창고가 풍성해질수록 엄청난 정보의 자원을 갖게 됩니다. 2주 차에는 생산성 전문가 티아고 포르테의 PARA 분류법에 따라 자료를 한 곳에 모으고 분류해서 데이터베이스에 어떻게 정리하는지 배워봅니다.

PARA 분류법의 네 가지 카테고리를 사용하면 작업과 정보를 체계적으로 정리하고 관리하는 데 도움이 됩니다. PARA는 Notion 사용자들 사이에서 특히 인기를 얻었고, 많은 사람들이 자신의 작업과 정보 관리 시스템을 PARA 방식으로 구조화하는 데 도움을 받았습니다. 2주 차에서 그 방법을 배워보겠습니다.

3주 차(3 STEP) : 데이터베이스 활용하기

(추출과 표현) 진행 과정을 실시간으로 보는 [프로젝트 관리와 협업]

Notion은 프로젝트 관리와 협업에 최적화된 탁월한 도구입니다. 먼저 Notion을 활용하면 공유 페이지를 생성할 수 있고 이를 통해 팀원들이 동일한 정보를 실시간으로 볼 수 있습니다. 이 기능은 팀원 모두가 동일한 정보를 가지고 작업을 진행하게 하여 혼동을 방지하고, 의사결정 과정을 투명하게 만들어 협업의 효과를 높입니다.

또한 Notion은 각자의 작업을 할당하고 관련 작업의 진행 상황을 추적하는 기능을 갖고 있습니다. 이를 통해 팀원들은 자신의 업무 진행 상황을 눈에 띄게 표시하고, 다른 팀원들도 이를 쉽게 확인할 수 있습니다. 이러한 투명성은 팀원들 사이의 커뮤니케이션을 촉

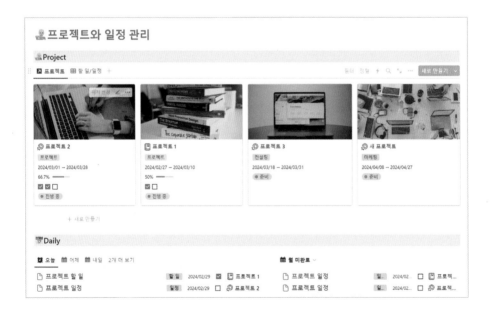

진하고 업무 진행 상황에 대한 이해도를 높입니다.

마지막으로 Notion은 서로에게 어떤 작업이 필요한지 알려주는 기능이 있습니다. 이 기능을 활용하면 팀원들은 업무 분배 및 조정을 효과적으로 하며, 필요한 작업을 빠르게 파악하고 적절한 조치를 취할 수 있습니다. 이러한 기능들은 팀원들 사이의 협업을 원활하게 하며, 프로젝트의 효과적인 진행을 돕습니다.

따라서 Notion은 프로젝트 관리와 협업에 있어 강력한 도구로 작용하며 팀의 생산성과 효율성을 높이는 데 기여합니다.

4주 차(4 STEP) : Notion 고수 되기

((시스템) 나를 체계적으로 관리하는 [일정/업무 관리 시스템])

기록은 나를 객관적으로 알게 하고 지속적으로 성장시킵니다. 나아가 기록은 내 삶의 주도권을 갖게 합니다. Notion에 계획과 실행을 기록함으로써 자신을 꾸준히 관리하는 시스템을 만들 수 있습니다.

계획이란 시간표를 빈틈없이 채우는 일이 아닙니다. 자신이 진심으로 하고 싶은 것을 목표로 정해 메모하고 우선순위에 따라 시간을 배분하는 것이 핵심이죠. 더불어 자신을 성장하게 하는 핵심 습관을 실천해나간다면 삶과 업무에 성과를 내며 매일 성장할 수 있습니다.

Notion은 올인원 관리 시스템으로 이 모든 것을 한 번에 관리하는 시스템을 만들 수 있습니다. 앞서도 말했듯이 일잘러는 일만 잘하는 사람이 아니라, 자신의 삶을 주체적으로 경영하는 사람입니다. 4주 차에는 연간 플랜부터 일간 계획과 습관 관리까지 한눈에 볼 수 있는 일정 관리 시스템을 만듭니다.

매해 계획과 목표를 기록할 수 있는 연도별 갤러리를 만들고 그 안에 한 해의 세부적인 계획을 설계합니다. 연간 계획은 OKR(Objective Key Result, 목표 주제와 핵심 결과물)

로 계획을 세우고, 월간 플랜에는 Key Result를 중심으로 매달 달성할 계획과 한 달의 회고를 적습니다.

일간 플랜은 매일의 시간표를 작성하고 하루의 회고를 적을 수 있습니다. 또한 습관 관리로 자신의 성장 습관을 체크하고 달성도를 볼 수 있어요.

실행을 돕는 일정 관리 시스템으로 매일 성장하는 시스템을 만들어보세요.

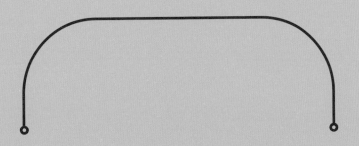

CHAPTER 2

Notion
워크스페이스에
초대합니다

01 Notion 시작하기

CHAPTER 2

Notion 회원 가입하기

Notion을 시작하려면 먼저 계정이 필요해요. 홈페이지에서 계정을 생성하고 로그인할 게요.

❶ Notion 홈페이지(https://www.notion.so/ko-kr)에 접속합니다.

❷ [무료로 Notion 사용하기]를 클릭합니다.

함께 쓰고,
계획하고, 즐기세요

Notion의 AI 기반 워크스페이스로
아이디어를 액션으로 옮기세요

무료로 Notion 사용하기　영업팀 문의하기 →

❸ 이메일, Google, Apple 중 원하는 방식으로 회원 가입을 합니다.

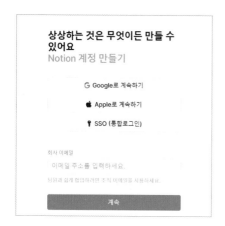

❹ 다음과 같은 화면이 나오면 시작은 '개인용'으로 선택해주세요.

❺ 다음과 같은 화면이 보인다면 '당신의 Notion'이 시작되었습니다. Notion은 웹 기반 프로그램입니다. 인터넷 사용이 가능한 웹에서 언제 어디서나 로그인해서 사용하세요.

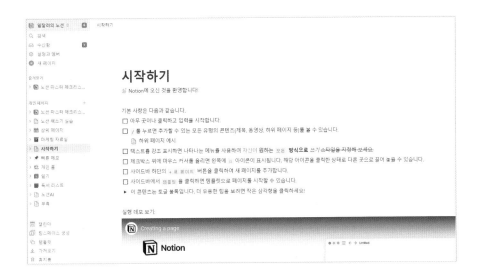

다운로드해서 사용하기

Notion은 앱을 PC에 다운로드하면 바로 접근할 수 있어 편리하게 사용할 수 있어요.

Notion PC 앱 다운로드 방법

Notion PC 앱을 다운로드하면 웹사이트에 접속하지 않고, PC 바탕화면에서 빠르게 Notion을 사용할 수 있어 편리합니다. PC 앱은 속도에 최적화되어 있어 원하는 정보를 빠르게 찾고 새로운 콘텐츠를 만들 수 있어요.

❶ Notion 홈페이지에 접속합니다.

❷ 왼쪽 상단 [다운로드] – [Notion] – [macOS용 다운로드] 또는 [Windows용 다운로드]를 클릭해 각자의 PC 환경에 맞는 것으로 다운로드하세요.

❸ Notion 계정으로 로그인해서 사용하세요.

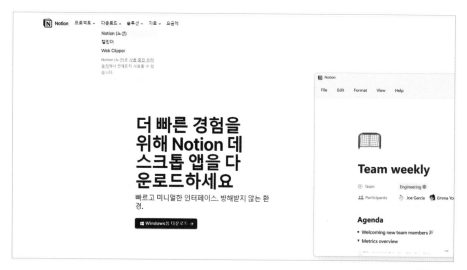

Notion PC 앱 다운로드 ▲

Notion 모바일 앱 다운로드 방법

Notion 앱은 모바일에 최적화되어 있어서 이동 중에도 콘텐츠를 읽거나 편집하고 댓글을 남길 수 있어요. 모바일용 Notion을 다운로드해서 어디서나 편하게 사용해보세요.

❶ 안드로이드나 iOS의 앱스토어에서 'Notion'을 검색합니다.

❷ Notion 아이콘이 있는 앱을 다운로드하고, 가입한 계정으로 로그인하세요.

Notion 모바일 앱 다운로드 ▲

02   Notion 요금제

Notion 요금제 알아보기

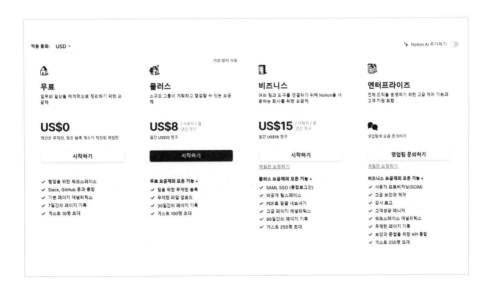

Notion은 네 가지 요금제로 사용할 수 있습니다. 결제 수단으로 신용카드와 페이팔(PayPal)을 지원해요. 개인 사용자는 무제한으로 블록을 사용할 수 있어서 무료로도 충분합니다.

무료

개인 사용자가 업무와 일상을 체계적으로 정리할 수 있는 공간이에요. 개인이 사용할 경우 무제한 블록을 제공합니다. 파일은 5MB 이하 업로드, 7일간의 페이지 기록, 게스트는 10명까지 초대할 수 있어요.

KEY POINT 무료 요금제 알차게 사용하는 방법

❶ 5MB 이상의 대용량 파일은 구글 드라이브, 원드라이브 등 클라우드에 올리고, 드라이브 링크를 복사해서 Notion에 붙여넣으세요.

❷ 5MB 이상의 영상은 유튜브에 업로드한 후 다음과 같은 방법으로 Notion에 붙여넣으면 영상을 Notion에서 바로 실행할 수 있어요.

• 유튜브 원하는 영상 – [공유] 클릭 – 링크 복사(Ctrl+C) – Notion에 링크 붙여넣기(Ctrl+V) – [임베드 생성] 클릭

유료(플러스)

소규모 그룹이 계획하고 협업할 수 있는 공간이에요. 가장 많이 사용하는 요금제입니다. 월간 결제는 10달러, 연간으로 결제하면 매월 멤버 1인당 8달러에 사용할 수 있어요. 무제한 파일 업로드, 30일간의 페이지 기록, 게스트는 100명까지 초대할 수 있어요.

유료(비즈니스, 엔터프라이즈)

팀이나 회사는 비즈니스와 엔터프라이즈 요금제로 고급 제어 기능을 사용할 수 있어요.

먼저 체험판을 요청해서 사용해보세요.

Notion AI

Notion AI의 경우 연간 유료 요금제 사용자는 멤버당 월 8달러, 월간 요금제와 무료 요금제 사용자는 멤버당 월 10달러예요. 무료 체험을 할 수 있고요.

플러스 요금제 할인받는 법

무료 또는 할인받기

대학생과 교직원을 위한 무료 요금제

대학생과 교직원의 경우 Notion 계정을 학교 이메일 주소와 연결하면 플러스 요금제를 무료로 이용할 수 있어요.

KEY POINT **이미 사용 중인 이메일을 교육용 이메일로 변경하는 방법**

이미 다른 이메일을 사용하고 있다면 다음과 같은 방법으로 교육용 이메일(.edu)로 변경하세요.

❶ [설정과 멤버] – [내 계정] – [이메일 변경]에 교육용 이메일 주소를 입력하세요.

❷ 이메일 주소로 인증 코드를 보내드립니다. Notion에 이 코드를 입력한 다음 [이메일 변경]을 선택하세요.

❸ [무료 교육 요금제]를 선택하면 플러스 요금제를 무료로 사용할 수 있어요.

❹ 유료 요금제를 사용하고 있는 경우 [무료 교육 요금제]가 보이지 않을 수 있어요. 이런 경우 다음의 방법으로 무료 요금제로 변경하세요.

　• [설정과 멤버] – [요금제] – [모든 요금제 보기]에서 무료 요금제의 [다운그레이드]

스타트업을 위한 할인

자격 요선을 갖춘 스타트업은 무제한 AI 응답이 표힘된 Notion 플리스 요금제를 3~6개월간 무료로 사용할 수 있습니다. Notion을 신규로 사용하는 스타트업이라면 놓치지 마세요. 자세한 자격 조건과 신청 방법은 '스타트업을 위한 Notion'(https://www.notion.so/ko-kr/startups) 페이지에서 확인하세요.

할인 혜택을 받을 수 있는 스타트업의 자격 요건

TIP

• 유효한 Notion 도메인, 공개된 회사 웹사이트와 회사 전용 이메일 도메인이 필요합니다.

• 직원 수가 50명 이하여야 합니다.

• 무료 요금제를 이용하는 Notion 신규 고객이어야 합니다.

• 공인된 투자자로부터 받은 지원금이 1,000만 달러 미만이어야 합니다.

멤버와 게스트의 차이점, 그리고 요금제

Notion은 협업하는 사용자의 특성과 권한에 따라 멤버와 게스트로 나눌 수 있습니다.

• 멤버

팀의 핵심 구성원으로, 모든 워크스페이스 페이지에 접근할 수 있습니다. 멤버는 워크스페이스 설정을 관리하고, 멤버를 추가하거나 제거할 수 있습니다. 또한 워크스페이스 내에서 페이지를 만들고 편집할 수 있습니다.

KEY POINT 멤버는 인원 수만큼 요금제가 부과됩니다.

• 게스트

특정 페이지 또는 하위 페이지에만 접근할 수 있는 사용자를 말합니다. 게스트는 자신이 접근 권한을 가진 페이지에서만 작업할 수 있습니다.

게스트는 요금제가 따로 부과되지는 않지만, 요금제에 따라 게스트 초대 인원의 제한이 있습니다. 무료 요금제는 10명, 플러스 요금제는 100명, 그 이상 요금제는 200명까지 초대할 수 있습니다.

게스트 초대 방법은 'CHAPTER 3'에서 자세하게 소개합니다.

03 Notion의 구조와 세 가지 핵심 기능

Notion을 잘 활용하기 위해서는 Notion의 구조와 사용하는 언어에 대한 명확한 이해가 필요해요. Notion을 사용하기 전에 Notion의 구조와 언어, 핵심 기능에 대해 자세히 알아봅니다.

Notion의 구조

워크스페이스

Notion 작업 공간을 '워크스페이스'라고 합니다. 원하는 방식으로 정보를 정리하고 콘텐츠를 작성할 수 있는 홈인데요, 개인이나 팀에 맞게 구성할 수 있습니다.

특징

- 하나의 메일 계정으로 여러 개의 워크스페이스를 만들 수 있어요.
- [사이드바]와 콘텐츠를 입력하는 [페이지 영역]으로 나뉩니다.
- 워크스페이스마다 요금제가 각각 적용됩니다. 하나의 메일로 만든 워크스페이스여도 마찬가지입니다.

KEY POINT 자동 로그인 시스템 관리

Notion은 한 번 로그인하면 다음에 자동으로 로그인이 되는 시스템이에요. 자동 로그인은 편리하기도 하지만 보안이 신경 쓰이기도 하지요. 공동 PC에서 사용 후에는 꼭 로그아웃을 해주세요. 구글이나 크롬도 로그아웃해주세요.

사이드바

사이드바는 워크스페이스의 왼쪽에 길게 위치한 메뉴 및 카테고리 항목의 바예요.

특징

- 펴고 닫을 수 있는 탐색 시스템이에요.

- 만드는 모든 페이지와 데이터베이스가 사이드바에 나타납니다. 페이지 제목 앞의 [>]를 클릭하면 펼쳐지고, 하위 페이지를 볼 수 있어요.

- 페이지를 여러 계층으로 정리할 수 있습니다. 페이지 안에 무한의 하위 페이지를 추가할 수 있어요.

- 제목을 클릭하면 해당 페이지로 이동해요.

- 환경을 설정할 수 있고, 상위 페이지 리스트가 있어요. 템플릿, 가져오기도 사이드바에서 할 수 있어요.

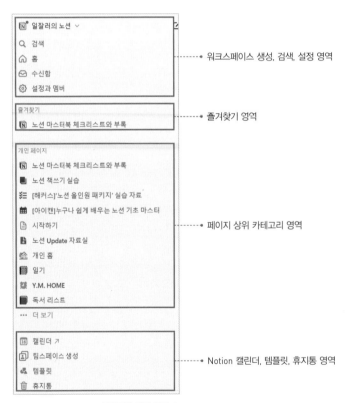

사이드바 세부 영역 ▲

페이지 영역

콘텐츠를 직접 만들고 창작하는 영역입니다. '커버'와 '아이콘', '콘텐츠' 영역으로 나뉩니다. 하얀 도화지 같은 콘텐츠 영역에 '블록'을 차곡차곡 쌓아 페이지를 만들어요.

Notion의 세 가지 핵심 기능 : 블록, 페이지, 데이터베이스

블록

Notion은 무한한 블록이 들어 있는 상자 같아요. 레고 박스에서 블록을 꺼내 원하는 모형을 만드는 것처럼 Notion 박스에서 블록을 꺼내서 원하는 페이지를 만들 수 있습니다. 아래는 여러 유형의 블록으로 구성된 페이지입니다.

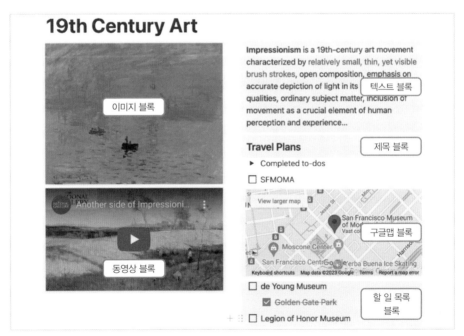

Notion의 다양한 블록 ▲

데이터베이스 타임라인 블록	데이터베이스 보드 블록

데이터베이스 블록의 여러 예시 ▲

(가) 생성 명령어 : 슬래시

Notion에서 가장 많이 사용하는 명령어는 슬래시(/)입니다. 어느 위치에서나 마우스 왼쪽 버튼을 클릭하면, "글을 작성하거나 AI를 사용하려면 '스페이스' 키를, 명령어를 사용하려면 '/' 키를 누르세요."라는 문구가 뜹니다. 슬래시를 누르면 블록 메뉴가 나타납니다. [/블록 이름]을 입력해서 콘텐츠를 넣을 수도 있습니다.

(나) 편집과 이동 버튼 : 블록 핸들

블록 앞에 마우스 커서를 가져가면 나타나는 기호(⠿)가 바로 '블록 핸들'입니다. 모든 블록은 블록 핸들을 갖고 있습니다. 클릭하면 블록을 삭제, 복제, 전환하는 등의 편집을 할 수 있습니다.

블록 핸들을 드래그하면 블록을 원하는 위치로 이동할 수 있습니다.

(다) 블록 추가 버튼

블록 핸들 앞에 나타나는 기호(+)가 추가 버튼입니다. 클릭하면 아래 다른 블록을 추가할 수 있습니다. 위에 블록을 추가하려면 [Alt + 추가 버튼]을 클릭하세요.

페이지

Notion의 페이지는 하위 페이지를 무한으로 생성하며 체계를 만들 수 있습니다. 페이지를 어떻게 구조화하는지에 따라 업무 효율을 최상으로 높일 수 있어요. 페이지를 생성하는 방법은 CHAPTER 3에서 자세히 설명하겠습니다.

하위 페이지 위치 확인하고 해당 페이지로 이동하는 방법

Notion 초보 사용자들이 가장 많이 하는 질문 중 하나는 '페이지를 어떻게 하면 쉽게 찾고 그 페이지로 이동하는가'입니다. Notion의 구조를 쉽게 이해하기 위해 하위 페이지의 위치를 찾고 해당 페이지로 이동하는 방법을 먼저 소개합니다.

(가) 방법 1

사이드바의 제목 앞 [>]를 클릭하면 하위 페이지 리스트가 보입니다. 제목을 클릭하면 해당 페이지로 이동합니다.

(나) 방법 2

상단에 페이지 이동 경로가 보입니다. 작업하고 있는 페이지의 위치와 체계를 쉽게 볼 수 있어요. 제목을 클릭하면 해당 페이지로 이동합니다.

(다) 방법 3

사이드바의 [검색]에 페이지 제목이나 내용을 검색한 뒤 선택합니다.

하위 페이지 찾기 ▲

데이터베이스

데이터베이스는 페이지의 집합체입니다. 데이터베이스에 페이지를 체계적으로 구성하고 관리할 수 있습니다. 기본 표 형태를 보이지만 페이지이기 때문에 커서를 제목 가까이 가져가면 나타나는 [열기]를 누르고 그 안에 무한한 데이터를 저장할 수 있습니다.

데이터베이스 예시 ▲

Notion 데이터베이스와 엑셀의 차이점

Notion의 데이터베이스는 각 행이 하나의 페이지가 됩니다. 행의 첫 칸이 페이지 제목이고, 두 번째 칸부터 그 페이지의 속성 옵션입니다.

데이터베이스는 '여러 개의 속성 옵션을 가진 페이지'의 집합입니다. 반면 엑셀은 각 셀이 독립적인 공간입니다.

Notion 데이터베이스의 특징 : 데이터베이스는 파일함

우리가 가지고 있는 파일(데이터)들을 차곡차곡 쌓아둘 수 있어요. Notion의 데이터베이스로 정리하면 필터, 정렬, 검색을 통해 원하는 데이터를 쉽게 찾을 수 있습니다.

- 하나의 데이터가 페이지입니다. 데이터 안에 내용을 넣고, 하위 페이지를 넣을 수 있어서 관련 자료들을 체계적으로 정리할 수 있습니다.
- 하나의 데이터베이스를 6개의 레이아웃(표, 보드, 타임라인, 캘린더, 리스트, 갤러리)으로 전환할 수 있습니다. 용도에 적합한 레이아웃을 선택할 수 있어요.

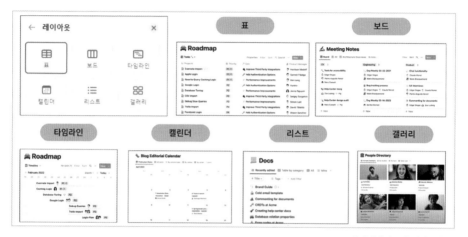

데이터베이스의 레이아웃 ▲

- 맞춤형 속성으로 원하는 작업을 수행할 수 있습니다. 날짜, 숫자, 사용자 등 다양한 속성을 활용해 여러 정보를 원하는 형태로 만들 수 있습니다.

데이터베이스 사용법은 CHAPTER 3의 2주 차와 3주 차에 자세히 배우겠습니다.

KEY POINT Notion 기본 작동법

❶ 모든 작업은 자동 저장됩니다.
❷ 이전 단계로 가려면 [Ctrl+Z]를 누르세요.
❸ 원하는 위치에서 [/]를 누르면 블록을 넣을 수 있어요.
❹ 블록에 커서를 가져가면 작업 메뉴(블록 핸들, 추가)가 나타납니다.

Notion 워크스페이스 설정하기

워크스페이스 이름을 변경해보세요

❶ [설정과 멤버] 누르기

❷ [설정] 선택하기

❸ [이름] 입력하기

❹ [아이콘] 클릭해서 바꾸기

❺ [변경] 클릭하기

언어를 설정해요

❶ [설정과 멤버] 누르기

❷ [언어와 지역] 선택하기

❸ 원하는 언어 선택하기

수천 개의 Notion 템플릿 복제하기와
홈 설정하기

Notion 템플릿이란?

템플릿은 미리 만들어진 Notion 페이지예요. 복잡한 페이지나 워크플로를 제작할 필요
없이 만들어진 템플릿을 워크스페이스에 쉽게 복제해서 사용할 수 있습니다. 템플릿 갤
러리에서 팀을 위한 자료부터 개인적인 습관 트래커까지 다양한 템플릿을 보고 사용할
수 있어요.

템플릿을 찾고 사용하는 두 가지 방법

사이드바 템플릿에서 선택하기

❶ 사이드바 하단의 [템플릿]을 클릭하세요.

❷ 업무, 학교, 개인, 프로젝트, 위키, 문서 카테고리에서 원하는 템플릿을 선택하세요.

오른쪽 하단의 [템플릿 사용하기]를 클릭하면 워크스페이스에 복제됩니다. 원하는 스타일로 편집
하세요.

Notion 템플릿 홈페이지에서 찾기

❶ Notion 홈페이지(www.notion.so) – [프로덕트] – [템플릿 갤러리]로 이동하세요.

❷ 템플릿 갤러리 홈페이지에서 검색, 추천 템플릿, 인기 카테고리, 추천 크리에이터 등을 통해 Notion 전문가와 크리에이터들이 제작한 템플릿을 만날 수 있습니다.

❸ 원하는 템플릿을 선택한 후 [템플릿 사용하기]를 클릭하면 워크스페이스에 복제됩니다. 마음에 드는 템플릿을 복제해서 자신의 필요와 취향대로 수정해서 사용해보세요.

❹ 아래와 같이 감각적인 템플릿이 수천 개나 있는 템플릿 보물상자에서 나에게 맞는 템플릿을 수집하고 기록해보세요.

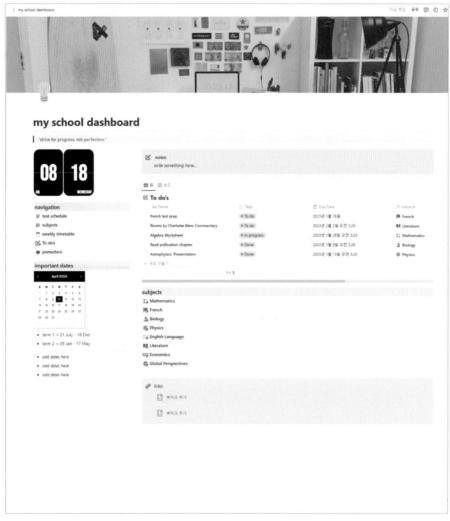

템플릿 대시보드 적용 예시 ▲

홈을 설정해요

'홈'에서 보다 빠르게 자주 이용하는 페이지로 이동할 수 있어요. 최근 방문한 페이지와 Notion 캘린더의 예정된 이벤트를 볼 수 있습니다. 자주 사용하는 데이터베이스를 설정해서 바로 가기를 할 수 있고 나만을 위한 학습과 템플릿도 추천해줍니다.

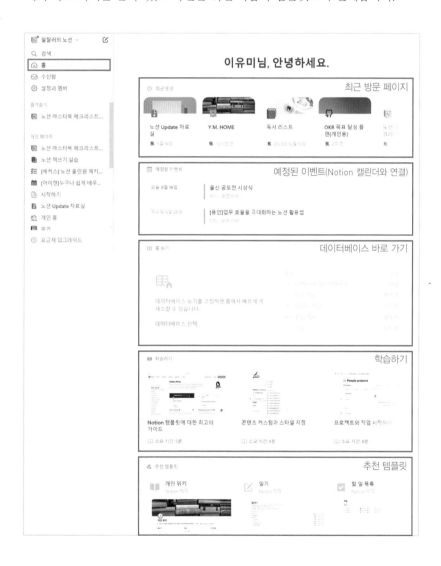

CHAPTER 3

하루 10분,
4주 만에
마스터하기

01 | 1주 차(1 STEP) :
Notion과 친해지기 [만능 노트]

시간은 줄이고 전문성은 높이는 문서 작성

위와 같은 체크리스트에 하나씩 체크하면서 따라오시면 됩니다. 매일 미션을 달성하고 체크박스에 체크하면 주차별 달성률이 자동으로 올라갑니다.

Notion 마스터
체크리스트와
부록

이제 본격적으로 Notion을 시작해볼까요. 하루 10분, 4주 동안 Notion을 마스터할 수 있도록 핵심 기능과 단계별 활용법을 배울 거예요.

1주 차는 Notion과 친해지기, 2주 차와 3주 차는 데이터베이스에 대해 알아보고 활용하기, 4주 차는 Notion 고수되기로 진행됩니다. Notion의 기능을 익히면서 실제 업무와 개인에 적용할 수 있는 페이지를 만들면 이해가 쏙쏙 되고, 꾸준히 배울 수 있어요. 차근차근 따라 하면서 Notion을 재미있게 마스터해봐요.

처음에는 시간이 오래 걸릴지도 몰라요. 하지만 점차 시간이 단축될 테고 완성돼가는 페이지를 보면서 성취감도 느낄 거예요. 본격적으로 시작하기 전에 체크리스트를 복제해

1주 차	1 STEP : Notion과 친해지기 [만능 노트]
	(수집) 시간은 줄이고 전문성은 높이는 문서 작성
월요일	페이지 만들기
화요일	기본 블록과 미디어 블록
수요일	페이지 편집하고 꾸미기
목요일	고급 블록과 임베드
금요일	페이지 공유하고 웹 게시하기
주말 미션	'공모전 수상 소식' 만들고 공유하기
2주 차	2 STEP : 데이터베이스 파헤치기 [아카이브 자료실]
	(정리) 방대한 자료를 한 곳에 정리하고 공유하기
월요일	데이터베이스 만들기와 속성 추가하기
화요일	데이터베이스 기본 속성 파헤치기
수요일	필터, 정렬, 그룹화로 원하는 데이터 보기
목요일	링크된 데이터베이스와 보기 추가하기

금요일	데이터베이스 6개의 보기
주말 미션	웹클리퍼로 자료 수집하기
3주 차	**3 STEP : 데이터베이스 활용하기 [프로젝트 관리]**
	(추출과 표현) 진행 과정을 실시간으로 보고 협업하기
월요일	[프로젝트], [작업/일정] 데이터베이스 만들기
화요일	[부서], [팀원], [문서함] 데이터베이스 만들기
수요일	데이터베이스 관계형과 롤업으로 연결하기
목요일	프로젝트 상세 페이지 템플릿 만들기
금요일	프로젝트 관리 시스템 만들고 협업하기
주말 미션	나의 프로젝트와 작업만 볼 수 있는 대시보드
4주 차	**4 STEP : Notion 고수되기 [올인원 관리 시스템]**
	(체계) 나를 체계적으로 관리하는 일정과 업무 관리 시스템
월요일	[연간, 월간 플래너] 만들기
화요일	[연간, 월간 플래너] 내부 템플릿 페이지 만들기
수요일	[일간 캘린더]와 [습관 관리] 만들기
목요일	연간 계획부터 습관까지 한눈에 보는 [일정 관리 시스템]
금요일	프로젝트부터 일정 관리까지 한눈에 보는 [업무 관리 시스템]
주말 미션	위젯으로 페이지 꾸미기

4주 완성 커리큘럼 ▲

볼게요. 위의 QR코드를 열어요. 오른쪽 상단의 네모 모양 버튼을, 모바일에서는 […]-[페이지 복제]를 클릭하면 자신의 워크스페이스에 복제됩니다.

1주 차는 Notion과 친해지는 주간입니다. 블록을 이용해 자유롭게 페이지를 만들고 공유해보세요. 점차 Notion에 익숙해지고 손이 빨라질 거예요.

월요일 : 페이지 만들기

1일 차 미션입니다. 다음과 같이 감각 있는 커버와 아이콘이 들어간 나만의 새로운 페이지를 만들어봅시다.

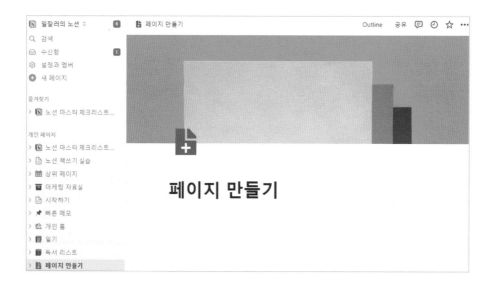

다음과 같은 순서로 페이지를 만들 수 있어요.

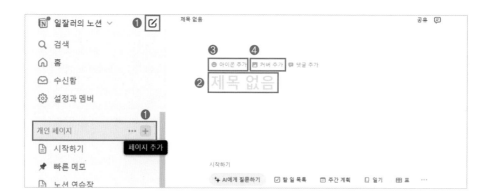

❶ **페이지 추가** : 상단의 새 페이지 만들기(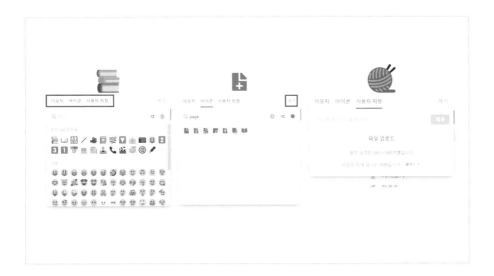)를 클릭하거나, [개인 페이지] 가까이 커서를 가져가면 나타나는 [+] 버튼을 눌러 새로운 페이지를 생성해요. 페이지 영역에 '제목 없음'이 생성된 것이 보이시나요? 이 페이지는 가장 상위 페이지가 됩니다.

❷ **제목 쓰기** : [제목 없음]에 제목을 입력하면 왼쪽 사이드바에도 입력한 제목이 반영되는 것을 보실 수 있어요.

❸ **아이콘 추가** : 제목 가까이 커서를 가져가면 나타나는 [아이콘 추가]를 클릭해요. 랜덤으로 나타난 아이콘을 클릭하면 아래와 같은 메뉴가 나타나요. 이모지, 아이콘, 사용자 지정에서 원하는 아이콘을 추가해보세요. 검색도 할 수 있고, 아이콘 색도 변경할 수 있어요. 사용자 지정에서 자신이 만든 아이콘을 추가해보세요.

❹ **커버 추가** : 제목 가까이 커서를 가져가면 나타나는 [커버 추가]를 클릭해요.

• 랜덤으로 나타난 커버 가까이 커서를 가져가면 나타나는 [커버 변경]을 클릭해요.

💬 댓글 추가

페이지 만들기

- 원하는 커버를 선택하거나 업로드해요.

[커버 변경]을 클릭하면 나타나는 화면 ▲

- **갤러리 :** Notion에서 제공하는 이미지예요.

- **업로드 :** 파일을 업로드할 수 있어요. 1,500픽셀 이상의 이미지가 좋아요.

- **링크 :** 검색 사이트의 이미지 링크를 복사해서 [이미지 링크 붙여넣기(Ctrl+V)]를 해보세요.

- **언스플래시(Unsplash) :** 무료 이미지 사이트예요. 영어로 검색해서 원하는 이미지를 클릭하세요.

- **제거 :** 커버를 제거할 수 있어요.

오늘의 미션 페이지 만들기

페이지를 추가해서 원하는 아이콘과 커버를 넣어 나만의 페이지를 만들어보세요.

여기까지 잘 따라오셨다면 1일 차는 끝입니다. 'Notion 마스터 체크리스트'를 열어 1일 차 체크박스에 체크하세요. 시작이 반이라고 하죠? 시작을 잘했으니 이미 절반은 마스터한 셈이에요!

그럼 2일 차에 만나요.

화요일 : 기본 블록과 미디어 블록

Notion의 모든 페이지는 여러 개의 블록을 쌓아서 만들어요. 다양한 유형의 블록을 넣어서 나만의 페이지를 만들 수 있어요. 1일 차에 새로운 페이지를 생성했다면 2일 차에는 페이지를 구성하는 기본 블록과 미디어를 추가해서 멋진 페이지를 만들어볼게요.

블록을 추가하는 네 가지 방법

방법 1. /(슬래시) 명령어 사용하기

원하는 위치에 [/]를 입력하면 블록 리스트가 나타납니다. 원하는 블록을 클릭하세요.

방법 2. /[블록 이름] 입력

/ 뒤에 블록 이름을 입력해 블록을 만들 수 있습니다. [/할 일] 또는 [/표]를 입력해보세요.

방법 3. 단축키 사용

Notion은 블록을 생성할 수 있는 여러 단축키를 지원하므로 보다 쉽고 빠르게 블록을 입력할 수 있습니다. 기본적인 블록 단축키는 블록 설명과 함께 알려드릴게요.

KEY POINT **시간을 줄여주는 단축키 사용의 기술**

- 예) 할 일 목록 단축키: [[ ] [ ] [Space]
- '+'가 있는 단축키는 동시에 누르고, '+'가 없는 단축키는 순서대로 누르라는 의미예요.
- 더 많은 단축키는 부록의 'Notion 자주 쓰는 단축키'에서 볼 수 있어요.

방법 4. 추가 버튼 [+]

블록에 마우스 커서를 가져가면 왼쪽에 [+]가 나타납니다. [+]를 클릭하면 나타나는 블록 메뉴에서 원하는 유형을 선택하세요. 그러면 아래에 추가됩니다. 위에 추가하기를 원하면 Alt + [+]를 클릭하세요.

기본 블록으로 문서 작성하기

기본 블록은 텍스트를 입력할 때 사용하는 블록으로, 가장 많이 사용하는 블록입니다. 다양한 기본 블록을 이용해서 문서 작업을 할 수 있어요. 블록을 하나씩 추가해보세요.

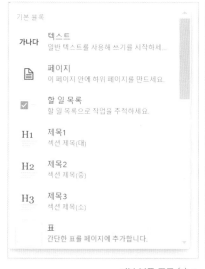

기본 블록 종류 (1) ▲   기본 블록 사용 예시 (1) ▲

- **텍스트** : 가장 기본적인 텍스트 블록입니다.
- **페이지** : 페이지 안에 하위 페이지를 만듭니다.
- **할 일 목록** : 체크박스 목록을 만들 수 있습니다. 단축키는 [ ] [ ] Space 입니다.
- **제목 1** : 큰 크기의 제목입니다. 단축키는 # Space 입니다.

- **제목 2 :** 중간 크기의 제목입니다. 단축키는 #️ #️ Space 입니다.
- **제목 3 :** 작은 크기의 제목입니다. 단축키는 #️ #️ #️ Space 입니다.
- **표 :** 간단한 표를 만듭니다.

기본 블록 종류 (2) ▲

기본 블록 사용 예시 (2) ▲

- **글머리 기호 목록 :** • 목록을 만들 수 있습니다. 단축키는 ─ + Space 입니다.
- **번호 매기기 목록 :** 번호 목록입니다. 자동으로 다음 번호를 생성할 수 있습니다.
- **토글 목록 :** ▶를 누르면 열리거나 닫히는 목록입니다. 안에 콘텐츠를 넣고 닫아서 숨길 수 있습니다. 단축키는 〉 + Space 입니다.
- **인용 :** 인용문이나 텍스트를 강조할 때 사용합니다.
- **구분선 :** 회색 구분선을 만들 수 있습니다. 단축키는 ─ ─ ─ 입니다.
- **페이지 링크 :** Notion 내의 다른 페이지로 연결할 수 있는 링크 블록을 만들 수 있습니다.
- **콜아웃 :** 강조 박스를 생성합니다. 이모티콘을 넣을 수 있고, 박스 색을 변경할 수 있습니다.

올인원 생산성 도구, 노션 Notion ·······• 제목 1

노션 이해하기 ·······• 제목 2

1. 노션이란 ·······• 제목 3

> 콜아웃 : 강조 박스, 박스 안에
> 다양한 콘텐츠를 넣을 수 있어요.

🍎 **노션 Notion이란**
　　메모부터 프로젝트 관리, 사이트 제작까지 다양한 업무를 한 곳에서 처리할 수 있는 **올인원**
　　(All-in-one) 생산성 도구

📕 노션 활용 사례 ·······• 페이지

🐾 **HOME** ·······• 페이지 링크 : 링크된 페이지는 제목 앞에 화살표가 있어요.

2. 기본 블록

> 😊블록으로 나만의 커스텀 페이지를 만들어보세요! ·······• 인용 : 인용글, 강조하는 글에 사용해요.

☐ 할 일 목록 ·······• 체크박스를 만들어요.

- 글머리 기호

▼ 토글 블록
　　안에 내용, 텍스트, 이미지를 넣을 수 있어요. ·······• 토글 : 텍스트, 이미지, 영상, 파일 등 다양한 콘텐
표 블록　　　　　　　　　　　　　　　　　　　　　　　　츠를 넣고 가리기를 할 수 있어요.

번호	제목	내용	
1	노션이란	노션의 기능, 장점	·······• 표 : 간단한 표를 만들 수 있어요.
2	블록 사용법	기본 블록, 고급 블록, 미디어 블록	

기본 블록으로 만든 문서 예시 ▲

KEY POINT 가장 자주 쓰는 단축키

Ctrl + N	새 페이지 열기	− Space	글머리 기호
Ctrl + Z	이전 단계로 가기	# Space	제목
Ctrl + D	블록 복제하기	[ ] Space	할 일 목록
Ctrl + 또는 −	확대 또는 축소하기	⟩ Space	토글
: 검색어	이모지 넣기	" Space	인용

미디어 블록 추가하기

다양한 미디어를 Notion에 추가하고 바로 보거나 재생할 수 있습니다.

다양한 미디어 블록 ▲

미디어 블록 사용 예시 ▲

- **이미지** : 이미지를 추가하거나 이미지 주소를 붙여넣기해서 이미지를 바로 볼 수 있습니다.
- **북마크** : URL 링크를 넣으면 박스 형태의 미리보기가 나타납니다.
- **동영상** : 파일을 업로드하거나 유튜브 링크를 임베드하면 바로 재생합니다.

- **오디오** : 녹음 파일을 업로드하거나 오디오 링크를 임베드하면 바로 재생합니다.
- **코드** : 코드 언어(특정 프로그래밍 언어로 작성된 코드)를 추가하고 서식을 지정할 수 있습니다.
- **파일** : 모든 유형의 파일을 업로드할 수 있습니다.

이미지 넣고 편집하기

❶ [/이미지]를 입력해서 이미지 블록을 추가하면 다음과 같은 메뉴가 나타납니다.
❷ 다양한 형태로 이미지를 넣어주세요.

- **업로드** : PC나 모바일에 있는 이미지를 넣습니다.
- **링크 임베드** : 웹의 원하는 이미지를 [이미지 주소 복사]하고, 링크 임베드에 붙여넣으면 Notion에서 이미지를 볼 수 있습니다.

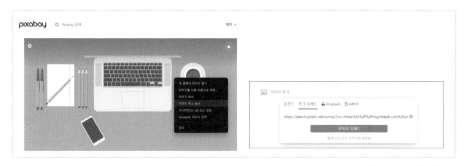

이미지 블록 사용 예시 ▲

- **Unsplash :** 무료 이미지 사이트에서 원하는 이미지를 찾아 넣어보세요.
- **GIPHY :** 움직이는 이미지를 넣을 수 있어요.

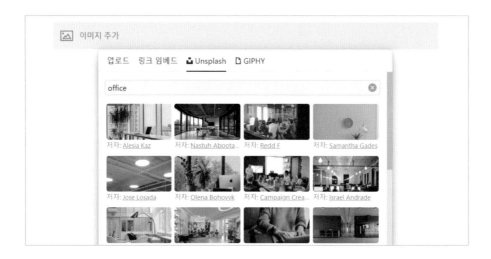

❸ 이미지를 편집할 수 있어요.

- 이미지 위에 커서를 가져가면 나타나는 가로선을 움직여 크기를 조정할 수 있습니다.
- 이미지의 오른쪽 상단에 나타나는 메뉴를 클릭해서 편집할 수 있습니다.
- **댓글 :** 이미지에 댓글을 답니다.
- **맞춤 :** 왼쪽, 가운데, 오른쪽으로 정렬합니다.
- **캡션 :** 이미지에 설명글을 넣습니다.
- **다운로드 :** 이미지를 다운로드합니다.
- **추가 작업 :** 삭제, 복제, 블록 링크 복사, 바꾸기, 옮기기를 할 수 있습니다.

동영상 URL을 다양한 형태로 페이지에 넣기

❶ [/동영상]을 입력해서 동영상 블록을 추가하면 다음과 같은 메뉴가 나타납니다. 영상 링크를 임베드하거나 파일을 업로드하세요. 무료 요금제에서는 업로드 파일 용량이 5MB로 제한되어 있으니 파일 크기를 확인하세요.

❷ 동영상을 쉽게 넣는 방법
- 유튜브, 비메오(Vimeo) 등에서 영상 링크를 복사합니다.
- 붙여넣기(Ctrl+V)를 하면 다음과 같은 메뉴가 나타납니다.

- 링크, 북마크, 임베드 형식으로도 Notion에 넣을 수 있어요.

해제 : 링크 그대로 나타납니다.

북마크 생성 : 클릭하면 원본으로 이동합니다.

임베드 생성 : Notion에서 바로 재생할 수 있습니다.

만능 노트에 미디어 자료 넣기

기본 블록과 다양한 미디어를 넣어서 자유롭게 Notion 만능 노트를 만들어보세요. 다음과 같이 학습 노트를 만들 수 있어요. 여행 계획을 세울 수도 있고, 할 일 목록을 만들 수도 있습니다. 일기, 요리 레시피, 취미 노트, 강의 노트도 만들 수 있어요. 좋아하는 음악을 모으거나 보고 싶은 영화 리스트를 만들어도 좋습니다.

2일 차가 마무리되었습니다. 어떠세요? 여기까지만 만들어도 충분히 멋진 웹페이지가 만들어지지 않았나요?

3일 차에는 다양한 콘텐츠를 보기 좋게 편집하는 방법을 배워볼게요.

수요일 : 페이지 편집하고 꾸미기

블록 유형 바꾸기 : 전환

❶ 이미 생성한 블록을 다른 유형으로 바꾸고 싶은가요? 블록 옆에 있는 블록 핸들(⠿)을 클릭하면 메뉴가 열려요. 그 메뉴에서 블록을 삭제, 복제, 전환할 수 있어요.

❷ [전환]을 선택하면 블록 리스트가 나타납니다. 리스트 중 원하는 블록을 선택해서 블록의 유형을 바꿔보세요.

블록 이동하기

❶ 블록 핸들을 드래그하면 원하는 위치로 블록을 이동할 수 있습니다.

❷ 이때 원하는 위치에 파란색 세로선 또는 가로선이 나타나면 드롭합니다.

열 나누기

❶ [/열]을 입력합니다.

❷ 원하는 열의 수를 선택합니다.

❸ 열의 수만큼 블록이 생성되면 원하는 블록을 끌어다 놓습니다.

열 나누기 예시 ▲

텍스트 편집하기

❶ 편집을 원하는 텍스트를 드래그하면 메뉴바가 나타납니다.

❷ 전환, 글씨에 링크 달기, 댓글 쓰기, 텍스트 굵게, 밑줄, 색 바꾸기, 멘션 달기를 할 수 있습니다. 원하는 텍스트를 다양한 디자인으로 편집해보세요.

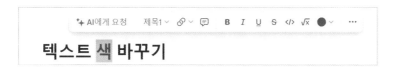

텍스트에 링크 연결하기

텍스트에 링크를 연결해서 웹 링크로 이동하도록 편집할 수 있습니다. 아래 미션을 따라
텍스트에 링크를 연결해보세요.

미션 1. [블로그 바로가기] 텍스트에 SNS 링크 연결하기

텍스트 링크 연결 ▲

❶ SNS 주소를 복사합니다.

❷ Notion에서 [블로그 바로가기] 텍스트를 드래그합니다.

❸ 메뉴바의 [🔗]를 클릭하고, 박스에 URL을 붙여넣은 후 [Enter]를 누릅니다.

❹ 글자 색이 흐릿해지고, 밑줄이 생깁니다.

❺ 클릭해서 잘 연결되었는지 확인해봅니다.

블로그 바로가기

링크 연결 완료 ▲

미션 2. Notion 페이지 하단에 [맨 위로 가기] 만들기

Notion 내에서 다른 블록으로 이동하도록 블록 링크를 연결할 수 있습니다. 페이지가 길어졌을 때 하단에 [맨 위로 가기]를 넣고, 클릭하면 상단으로 이동할 수 있도록 설정해보세요.

블록 링크 복사하기 ▲

❶ 가장 상단에 있는 블록의 [블록 핸들]을 클릭합니다.

❷ [블록 링크 복사]를 눌러 복사합니다.

❸ 하단에 '맨 위로 가기' 텍스트를 입력합니다.

❹ 텍스트를 드래그하고, [링크]를 클릭합니다.

❺ URL 박스에 붙여넣기를 합니다.

❻ 클릭하면 상단으로 이동하는 것을 확인할 수 있습니다.

이모지 넣는 세 가지 방법

방법 1. [/이모지] 입력

[/이모지]를 입력하면 이모지 모음 박스가 나타납니다. 원하는 이모지를 넣어보세요.

방법 2. 단축키

단축키로 이모지를 넣을 수 있어요. 단축키는 [:검색어] 또는 [윈도 키] + ⊡ 입니다. 다음에 이모지 이름을 입력하면 Notion 페이지에 인라인 이모지를 추가할 수 있습니다. [:사과] 또는 [:나무] 등을 입력해보세요.

방법 3. PC 종류에 따른 단축키

맥(Mac)의 경우 Ctrl + Cmd + Space , 윈도(Windows)의 경우 [윈도 키] + ⊡ 또는 [윈도 키] + ; 를 사용하여 컴퓨터의 이모지 선택기를 불러올 수 있습니다.

페이지 편집하기

페이지의 오른쪽 상단 메뉴에서 [더보기(⋯)]를 클릭하면 페이지를 편집할 수 있는 메뉴가 나타납니다.

- **폰트 :** 기본, 세리프, 모노 세 종류의 폰트로 변경할 수 있습니다.
- **작은 텍스트 :** 전체적으로 텍스트가 작아집니다.
- **전체 너비 :** 페이지를 전체 너비로 넓게 합니다.
- **페이지 잠금 :** 페이지를 수정하지 못하도록 잠금합니다.
- **링크 복사 :** Notion 내에서 이동할 수 있는 링크를 생성해서 복사할 수 있습니다. 이 링크를 다른 사람에게 공유해도 페이지는 열리지 않습니다.
- **복제 :** Notion 내에 같은 페이지를 복제합니다.
- **옮기기 :** 다른 페이지나 데이터베이스로 옮길 수 있습니다.
- **삭제 :** 페이지를 삭제합니다.
- **실행 취소 :** 바로 이전 작업 단계로 이동합니다. 단축키는 [Ctrl+Z]입니다.
- **편집 기록 보기 :** 기간 내의 편집 기록을 보고 복원할 수 있습니다. 기간은 요금제에 따라 다릅니다.
- **삭제된 페이지 표시 :** 해당 페이지에서 삭제된 페이지를 볼 수 있습니다.
- **애널리틱스 보기 :** 업데이트 내역과 통계를 볼 수 있습니다.

- **알림 받기 :** 모든 댓글 또는 답글과 @멘션 알림을 선택합니다.
- **가져오기 :** 다른 앱의 데이터를 가져옵니다.
- **내보내기 :** 페이지 콘텐츠를 PDF, HTML, Markdown, CSV로 내보낼 수 있습니다.
- **연결 항목 :** 연결된 다른 앱 항목을 보고, 연결을 관리할 수 있습니다.

즐겨찾기 추가하기

오른쪽 상단의 별 모양을 클릭하면 노란색으로 바뀌면서 해당 페이지가 사이드바의 상단 즐겨찾기 항목에 표시됩니다. 자주 사용하는 페이지를 즐겨찾기에 추가해보세요.

오늘의 미션 **HOME 페이지 만들기**

이제 기본 블록으로 페이지를 만들고 편집할 수 있는 모든 방법을 배웠습니다. 페이지 편집까지 배웠다면 HOME 화면을 구성할 수 있어요. 앞서 소개한 균형과 몰입을 위한 하루경영 기록법을 참고해서 자신에게 맞는 HOME 페이지를 만들어보세요.

처음부터 완벽할 수는 없습니다. 반복해서 연습하고 수정하다 보면 자신만의 감각 있는 Notion 페이지를 만들 수 있을 거예요.

여기까지 잘 따라오셨나요? 3일 동안 기본 페이지를 만들고 편집하는 방법을 배웠어요. 이제 어떤 노트든 뚝딱 만들 수 있습니다.

4일 차에는 Notion 페이지를 자동화해서 생산성을 높이는 고급 블록과 다양한 앱의 데이터를 가져오는 임베드를 배워볼게요.

목요일 : 고급 블록과 임베드

4일 차에는 생산성을 높일 수 있는, 자주 쓰는 고급 블록과 임베드 기능을 배워보겠습니다.

고급 블록

> 목차

페이지 개요를 표시할 수 있어 유용합니다.

❶ [/목차]-[Enter]를 누르면 목차가 자동으로 생성됩니다.
❷ 제목 1, 제목 2, 제목 3 블록에 따라 목차가 생성되며, 제목을 클릭하면 해당 블록으로 이동합니다.

이동 경로

현재 페이지 위치를 표시할 수 있습니다. 제목을 클릭하면 해당 페이지로 이동합니다.

인라인

페이지 안에 다른 Notion 페이지, 사람, 날짜를 인라인(텍스트 내에 직접 삽입되는 요소)으로 링크할 수 있어요.

❶ [@]를 입력하세요.

- **사용자 멘션** : 사람을 멘션합니다.
- **페이지 링크** : Notion 내의 다른 페이지를 링크해서 바로가기를 할 수 있습니다.
- **날짜** : [@오늘] 또는 [@지금]을 선택하면 현재의 날짜 또는 시간이 설정됩니다.
- **리마인더** : 리마인더를 설정해서 알림을 받을 수 있습니다.

Notion 임베드

Notion 페이지에 거의 모든 온라인 콘텐츠를 임베드할 수 있어요. 자주 사용하는 파일, 이미지, PDF, 동영상부터 다른 앱까지 1,900개가 넘는 외부 콘텐츠를 임베드할 수 있습니다. 앱을 처음 사용할 때는 인증이 필요합니다. 이후는 자유롭게 임베드해서 다양한 앱 데이터를 올인원으로 관리하세요.

PDF 임베드

저는 평소에 PDF 파일을 자주 사용하는데요, Notion에 임베드하면 파일을 새 창에 열 필요 없이 Notion 페이지에서 콘텐츠를 바로 볼 수 있어 편리합니다.

❶ [/PDF]라고 입력합니다.

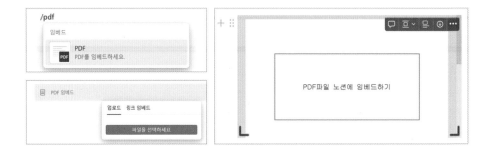

❷ PDF 파일을 업로드하거나 드라이브에 있는 PDF 파일 링크를 복사해서 링크 임베드할 수 있습니다.
❸ 파일이 나타나면 크기를 줄일 수 있고 캡션, 댓글, 원본 다운로드 등의 메뉴를 사용할 수 있습니다.

구글 드라이브 임베드

Notion 안에서 바로 구글 드라이브 항목을 검색하고 임베드할 수 있습니다.

❶ [/google]이라고 입력하고 [Google Drive]를 선택합니다.

❷ 임베드하려는 구글 드라이브 링크를 붙여넣거나 [Google Drive 살펴보기]를 클릭해서 원하는 파일을 찾습니다.

❸ 처음이라면 계정을 연결합니다. 여러 구글 계정을 연결해서 사용할 수 있습니다.

- 원하는 파일을 찾아 선택하면 Notion 안에 임베드되고 클릭하면 파일이 열립니다.

이 외에도 Notion 사용자들이 Notion 페이지에 자주 임베드하는 앱을 소개하면 다음과 같습니다.

캔바(Canva) 유튜브(YouTube) 페이스북(Facebook) 인디파이(Indify) 인스타그램(Instagram)
인비전(Invision) 깃허브 기스트(GitHub Gist) 구글 맵스(Google Maps) 링크드인(LinkedIn)
미로(Miro) 믹스패널(Mixpanel) 핀터레스트(Pinterest) 스포티파이(Spotify) 트위터(Twitter)
비메오(Vimeo) 타입폼(Typeform) 위젯박스(Widgetbox) 탈리(Tally) 틱톡(TikTok)

• Notion 언어 사전 참조

오늘의 미션　**고급 블록과 임베드 사용하기**

❶ 페이지에 목차와 이동 경로를 만들어보세요.

❷ 구글 드라이브에 있는 PDF 파일을 Notion 페이지에 임베드해보세요.

4일 차가 마무리되었습니다. 내용은 짧지만 Notion에 임베드할 수 있는 앱이 아주 다양하기 때문에 여러 가지로 활용할 수 있어요. 어떤 앱들이 있는지 보고, 자주 사용하는 앱이라면 계정을 연결해서 임베드해보세요.

내일은 1주 차의 마지막인 금요일입니다. 지금까지 만든 Notion 페이지를 다른 사람과 공유하고 협업하는 방법을 배워보겠습니다.

금요일 : 페이지 공유하고 웹 게시하기

페이지를 다른 사람과 공유하거나 편집하고 댓글로 소통할 수 있어요. 페이지를 공유하고 협업해볼까요. 다양한 방법으로 공유할 수 있어요.

게스트 초대하기

Notion 사용자를 Notion 페이지에 초대할 수 있어요.

❶ 페이지 오른쪽 상단의 [공유]를 클릭하면 다음과 같은 메뉴를 볼 수 있어요.

❷ 초대하고 싶은 사람의 Notion 가입 메일을 입력하고 [초대]를 클릭해요.

❸ 초대한 사람의 오른쪽 화살표를 드롭다운하면 권한을 설정할 수 있어요. 게스트에 따라 각기 다른 권한을 설정해서 협업해보세요.

- **전체 허용** : 편집 및 다른 사람과 공유를 허용해요.
- **편집 허용** : 편집은 허용하지만 공유는 불가해요.
- **댓글 허용** : 읽기 및 댓글은 허용하지만 편집은 불가해요.
- **읽기 허용** : 읽기만 가능해요.

❶ Notion에 초대를 받으면 나의 알림 설정에 따라 메일, 알림 등에 다음과 같은 메시지가 전송됩니다.

• Notion 알림

• 모바일 알림

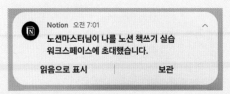

• 메일 알림

❷ 초대된 페이지에 들어가고 싶다면 [사이드바 최상단 워크스페이스 이름]을 클릭합니다. 초대된 페이지에는 [게스트]라는 표시가 나타납니다.

❸ [초대된 페이지의 워크스페이스 이름]을 클릭하면 그 페이지로 이동합니다.
다시 자신의 Notion으로 돌아오고 싶다면 사이드바 최상단에서 자신의 워크스페이스를 클릭하세요.

웹에 게시하기

Notion 페이지를 인터넷에 게시하거나 Notion을 사용하지 않는 사람들과 공유할 수 있어요. 게시 링크를 복사해서 공유해보세요.

❶ [공유] – [게시] – 파란색 바 [게시] 클릭

❷ 페이지의 권한을 설정합니다.

- **링크 만료** : 게시 만료일을 설정할 수 있어요. 유료 요금제에서만 사용할 수 있습니다.

- **편집 허용** : 페이지를 편집할 수 있어요.

- **댓글 허용** : 댓글을 사용할 수 있어요.

- **템플릿 복제 허용** : 템플릿을 Notion으로 복제할 수 있어요.

읽기만 할 경우 Notion을 사용하지 않아도 가능하지만 편집, 댓글, 복제를 사용하려면 Notion에 가입해야 합니다.

❸ 링크 주소를 복사합니다. 인터넷 주소창에 넣거나 다른 사람과 공유해보세요. 다음은 모바일에 링크를 공유했을 때 나타나는 화면입니다.

공유된 페이지에서 협업하기

❶ 공유받은 링크를 클릭하면 페이지가 열립니다.

❷ 오른쪽 상단 […]을 클릭하면 편집 메뉴가 나타납니다.

- [편집]을 클릭하면 Notion으로 로그인되고 편집을 할 수 있어요.

- [댓글]을 클릭하면 페이지나 콘텐츠에 댓글을 달 수 있어요.

- 🗇 를 클릭하면 자신의 Notion에 복제할 수 있어요.

공유할 때 주의할 점

복제는 기본 설정으로 되어 있어요. 복제를 원하
지 않는다면 꼭 [공유]-[게시]에서 [템플릿 복제
허용]을 비활성화해주세요. 복제하면 페이지 안
의 데이터와 하위 페이지까지 복제가 됩니다. 중
요한 정보나 개인 정보가 없는지 꼭 확인하세요.

다수가 편집하면 데이터가 삭제되거나 원하지 않

는 방향으로 변경될 수 있어요. 편집을 원하지 않는 페이지는 위와 같이 '페이지 잠금'을
해주세요.

여기까지 1주 차 과정을 마스터했어요. 이제 주말 미션으로 다양한 페이지를 만들어보
세요. 2주 차에는 Notion의 꽃, 데이터베이스를 파헤쳐봅니다.

오늘의 미션 **페이지 공유하고 웹에 게시하기**

❶ 공유하고 싶은 페이지(여행 계획, 독서 리스트, 아이디어 등)를 만들어 메신저로 공유 링크를 전달하
세요. Notion 사용자라면 게스트로 초대해 페이지를 함께 편집해보세요.

❷ 주변의 Notion 사용자와 함께 게스트 초대, 공유, 댓글과 복제를 연습해보세요. 템플릿을 복
제해서 자신에게 맞게 수정하고 웹에 게시해보는 것도 추천합니다.

주말 미션 : '공모전 수상 소식' 만들고 공유하기

다음은 Notion으로 만든 페이지예요. 자신의 커리어나 성과를 페이지로 만들어 공유하거나 포트폴리오의 프로젝트 상세 페이지로 사용할 수도 있어요.

아래 디자인을 따라 텍스트, 파일, 영상으로 구성해서 시각적으로 만들어보세요. 자신의 콘텐츠를 만들어도 좋습니다. 완성한 후에는 웹에 게시, 다른 사람과 공유해보세요.

PARA 분류법으로 대시보드 만들기

대시보드란 다양한 정보를 한눈에 볼 수 있게 정리한 화면을 말합니다. 홈페이지의 메인 페이지라고 보시면 됩니다. 여기서는 대시보드 이름을 'MY HOME'이라고 할게요. 대시보드를 만들기 위해서는 먼저 카테고리를 나눠야 합니다. 정리되지 않은 정보는 오히려 업무를 더 느리게 하기

MY HOME
(PARA)

때문이에요. Notion 사용자들이 많이 참고하는 PARA 분류법을 소개합니다. PARA 분류법을 이용해서 메인 페이지를 만들어두면 정보를 쉽게 분류할 수 있고, 필요한 정보를

PARA	설명	예시
프로젝트(Project)	정해진 기한 안에 완료해야 하는 결과 측정 가능한 작업	업무 프로젝트, 이사 계획, 여행 계획, 학교 과제 등
영역(Area)	일과 인생을 위해 지속적인 관심이 필요한 영역	건강 관리, 마음 돌봄, 재정 관리, 영어 공부 등
리소스(Resource)	관심을 갖고 모으는 자원, 정보, 자료	도서 목록, 음악 리스트, 여행지 정보, 맛집 목록, 자기계발 클래스 등
아카이브(Archive)	위 세 가지에 속하지 않거나, 더 이상 활동이 없지만 보관 가치가 있는 정보	프로젝트 완료 자료, 아이디어 노트 등

쉽게 찾아갈 수 있어요.

이 방법으로 정보 관리를 향상하는 데 많은 사람들이 도움을 받았습니다. 아울러 다른 Notion 사용자들도 작업과 정보 관리 시스템의 한 방법으로 PARA를 선택합니다.

PARA 분류법으로 메인 페이지 만들기

❶ 사이드바에서 [+페이지 추가] 클릭하기

❷ 제목을 [MY HOME]이라고 입력하기

❸ 전체 너비로 변경하기

❹ [/열] – [4개의 열] – PARA 제목(제목 3 블록) 넣기

❺ 각 영역에 맞는 항목을 넣고, 페이지로 전환하기

❻ 아이콘 변경하기

여러분이 무엇을 추적하고 싶은지, 어떤 정보를 저장하고 싶은지 먼저 기준을 명확하게 설정하고 그에 따라 페이지를 만들어보세요. 나만의 홈을 만들었다면 그다음엔 페이지를 하나씩 열어서 기록하고 자료를 정리해보세요. 필요한 정보를 더욱 빠르고 쉽게 찾을 수 있고 시간 관리와 효율성이 향상됩니다.

02 2주 차(2 STEP) : 데이터베이스 파헤치기 [아카이브 자료실]

방대한 자료를 한 곳에 정리하고 공유하기

Notion의 핵심 기능인 데이터베이스를 파헤쳐 봅니다. 데이터베이스를 통해 수많은 자료를 한 곳에 모아 정리하고 필요할 때 꺼내 쓸 수 있어요. 데이터베이스는 표나 엑셀처럼 보이지만 사용법이나 형식이 독특해요.

2주 차에는 어떻게 데이터베이스를 만드는지 그 사용법을 배우고, 티아고 포르테의 PARA 분류법에 따라 어떻게 데이터를 정리할 수 있는지 실습해봅니다.

Notion 데이터베이스의 핵심 특징

- **페이지의 집합체**

  각 행이 하나의 페이지입니다. 페이지 안에 내용을 넣는 것은 물론이고, 하위 페이지도 넣을 수 있어서 관련 자료들을 체계적으로 정리할 수 있습니다.

- **6가지 레이아웃으로 전환 가능**

  하나의 데이터베이스를 6가지 레이아웃(표, 보드, 타임라인, 캘린더, 리스트, 갤러리)으로 전환할 수 있습니다. 용도에 적합한 레이아웃을 선택할 수 있습니다.

- **맞춤형 속성**

  날짜, 숫자, 사용자 등 다양한 속성으로 여러 정보를 원하는 형태로 만들 수 있습니다.

데이터베이스 예시 ▲

월요일 : 데이터베이스 만들기와 속성 추가하기

데이터베이스 만들기

Notion에서 데이터베이스를 만들어보겠습니다. 기본적인 형식은 표입니다.

방법 1. [/데이터베이스] 입력

❶ [/데이터베이스]를 입력해서 인라인과 전체 페이지 중 선택하면 표 형태의 데이터베이스가 나타
납니다.

KEY POINT 인라인과 전체 페이지의 차이점

• 데이터베이스 – 인라인

페이지 안에 데이터베이스가 나타납니다. 같은 페이지에 다른 블록을 함께 사용할 수 있습니다.

• 데이터베이스 – 전체 페이지

데이터베이스가 페이지 형태로 나타납니다. 같은 페이지 안에 다른 블록을 넣을 수 없습니다.
원본 데이터베이스로 사용할 때는 전체 페이지가 편하기 때문에 인라인으로 만들어 전체 페
이지로 전환해도 좋아요.

• 데이터베이스 인라인을 페이지로 전환하는 방법

데이터베이스 [블록 핸들] 클릭 – [페이지로 전환]을 클릭하면 전체 페이지로 전환됩니다.

방법 2. [/갤러리] 입력

❶ [/갤러리]를 적으면 나타나는 [갤러리 보기]를 클릭합니다.

❷ [+새 갤러리(새 데이터베이스 시작)]를 클릭합니다.

❸ 다음과 같이 갤러리가 새로 생성됩니다.

다른 보기 레이아웃도 [/보드], [/타임라인], [/리스트], [/캘린더]와 같은 방법으로 생성할 수 있습니다.

기존 데이터베이스 가져오기

❶ 기존의 데이터베이스를 가져오고 싶다면 [/데이터] 또는 [/갤러리]와 같이 보기 레이아웃을 선택한 후에 데이터베이스 제목을 검색합니다.

❷ 선택하면 원본과 연결된 [링크된 데이터베이스]가 나타납니다.

Notion 데이터베이스의 구조 이해하기

데이터베이스의 구조와 메뉴의 기능을 살펴보겠습니다.

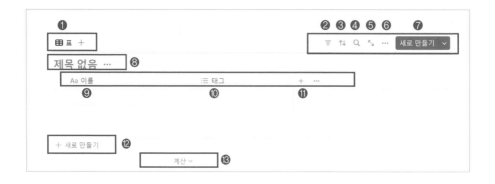

① **보기 :** 다양한 레이아웃 보기의 이름을 설정, 추가, 편집할 수 있어요.

② **필터 :** 원하는 데이터만 추출하고 싶을 때 사용해요.

③ **정렬 :** 데이터를 오름차순, 내림차순으로 정렬할 수 있어요.

④ **검색 :** 데이터베이스 안의 데이터를 검색해요.

⑤ ↖ **:** 전체 페이지로 열 수 있어요.

⑥ ⋯ **:** 보기, 레이아웃, 그룹화 등을 편집할 수 있어요.

⑦ **새로 만들기 :** 데이터베이스 내의 페이지 형식을 템플릿으로 만들 수 있어요.

⑧ **제목 :** 데이터베이스의 제목이에요. 제목 옆 […]을 클릭해서 데이터베이스 보기, 제목 편집, 제목 숨기기를 할 수 있어요.

⑨ **이름 :** 데이터베이스는 페이지를 모아 놓은 곳이에요. 페이지의 이름을 지정하고, [열기]를 클릭하면 해당 페이지가 열려요.

⑩ **태그 :** 속성의 예시예요. 다른 속성으로 편집하거나 삭제할 수 있어요.

⑪ + ⋯ **:** 속성을 추가, 편집할 수 있어요.

⑫ **새로 만들기 :** 데이터베이스에 새로운 페이지를 추가해요.

⑬ **계산 :** 데이터의 속성에 따라 모두 세기, 합계, 평균 등을 계산할 수 있어요.

다양한 속성 추가하기

데이터베이스는 페이지의 집합이라고 소개했지요. 이름 칸 오른쪽으로 페이지의 다양한 속성을 추가, 편집해서 많은 정보가 담긴 페이지를 필터, 분류, 자료 정리, 검색할 수 있어요. 속성을 잘 부여하면 업무 속도가 향상됩니다.

팀이 사용하는 페이지라면 추가해야 할 속성과 분류 방법 등을 협의한 후 합의된 언어로 만들어주세요. 속성을 추가해보겠습니다.

방법 1. 표에서 추가하기

❶ [+]를 클릭하면 새 속성 메뉴가 나타납니다.

❷ 원하는 속성을 검색하거나 드래그로 찾아서 선택하면 새 속성을 추가할 수 있어요. 속성의 유형에 따라 빈칸을 선택했을 때 다양한 입력 양식이 나타납니다.

방법 2. 페이지 안에서 추가하기

❶ 페이지 [열기]를 누르면 페이지가 열립니다.

❷ [+속성 추가]를 누르고, 원하는 속성을 추가하세요.

다양한 유형의 속성

(가) 기본 속성

데이터베이스는 각 열에 특정 유형의 속성을 추가할 수 있습니다. 기본 속성을 살펴 볼까요.

유형
☰ 텍스트
숫자
⊙ 선택
☰ 다중 선택
☼ 상태
▦ 날짜

기본 속성 (1) ▲

- **이름 :** 페이지의 제목입니다. 자동으로 생성되고, 속성을 수정할 수 없기 때문에 메뉴에 나타나지 않아요.
- **텍스트 :** 기본 텍스트예요.
- **숫자 :** 숫자 형식입니다. 가격, 수량, 점수 등 수와 관련된 데이터에 유용해요.
- **선택 :** 한 번에 하나의 태그를 선택할 수 있는 기능이에요.
- **다중 선택 :** 한 번에 2개 이상의 태그를 선택할 수 있는 기능이에요.
- **상태 :** 상태별로 그룹화하기 위한 태그가 있는 메뉴예요. 할 일, 진행 중, 완료 등이 있어요.
- **날짜 :** 날짜 또는 날짜 범위를 선택하여 날짜와 시간을 추가하고 리마인더(알림)를 설정할 수 있어요.

기본 속성 (2) ▲

Aa 이름	👥 사람	📎 파일과 미디어	☑ 체크박스	🔗 URL	@ 이메일	📞 전화번호
페이지 이름 4	🖼 이유미	🖼	✅	note.kr	notion@gmail.com	010-2323-4567
페이지 이름 5	🖼 이유미	2024년 제1차 ...	✅	note.kr	notion@gmail.com	010-2323-4567
페이지 이름 6	🖼 이유미	https://blog.na...	☐	note.kr	notion@gmail.com	010-2323-4567
+ 새로 만들기						

기본 속성 적용 예시 (2) ▲

- **사람** : 워크스페이스에서 다른 사용자를 멘션하거나 작업을 할당할 수 있어요.
- **파일과 미디어** : 데이터베이스 항목과 관련된 파일과 미디어(파일, 이미지, 영상 등)를 업로드할 수 있어요.
- **체크박스** : 완료 여부를 표시하는 심플한 체크박스예요.
- **URL** : 데이터베이스의 항목과 관련된 웹사이트의 링크를 입력할 수 있어요.
- **이메일** : 이메일 주소를 입력할 수 있어요. 클릭하면 이메일 클라이언트가 열립니다.
- **전화번호** : 전화번호를 입력할 수 있어요. 클릭하면 휴대폰이나 컴퓨터로 해당 번호에 전화를 겁니다.

(나) 고급 속성

기본 속성 외에 다양한 고급 속성이 있습니다.

고급 속성 (1) ▲

데이터베이스 고급 속성1

Aa 이름	Σ 수식	↗ 관계형(고급 속성2)	Q 롤업	⊙ 생성 일시	⊙ 생성자
1층	☑	📄 개발팀 📄 생산팀	2	2024년 4월 10일 오후 5:47	📷 이유미
2층	▓▓▓▓	📄 인사팀	1	2024년 4월 10일 오후 5:47	📷 이유미

+ 새로 만들기

고급 속성 적용 예시 (1) ▲

- **수식** : 속성을 사용해 계산하거나 다른 작업을 할 수 있어요.
- **관계형** : 다른 데이터베이스의 항목을 속성으로 추가할 수 있어요.
- **롤업** : 관계형 데이터베이스의 속성을 사용해 계산해요.
- **생성 일시** : 항목이 생성된 시간을 추가해요.
- **생성자** : 항목을 생성한 사용자를 자동으로 기록해요.

🕐 최종 편집 일시

◉ 최종 편집자

▣ 버튼 **New**

№ ID

고급 속성 (2) ▲

데이터베이스 고급 속성2

Aa 이름	⊙ 최종 편집 일시	◉ 최종 편집자	▣ 버튼	№ ID	↗ 관계형(고급 속성1)
개발팀	2024년 4월 10일 오후 5:47	📷 이유미	버튼	3	📄 1층
생산팀	2024년 4월 10일 오후 5:47	📷 이유미	버튼	2	📄 1층
인사팀	2024년 4월 10일 오후 5:47	📷 이유미	버튼	1	📄 2층

+ 새로 만들기

고급 속성 적용 예시 (2) ▲

- **최종 편집 일시 :** 항목의 마지막 편집 시간을 추가해요.

- **최종 편집자 :** 항목을 마지막으로 편집한 사용자를 기록해요.

- **버튼 :** 항목 속성을 기반으로 작업이 자동으로 실행돼요.

- **ID :** 각 항목에 대해 숫자 ID를 자동으로 생성해요. 수동으로 바꿀 수 없어요.

고유한 아이콘을 가진 속성은 어떤 유형인지 파악하기 쉽습니다.

속성 편집하기

이미 생성된 속성을 다른 속성으로 바꾸거나 속성의 세부 항목을 편집할 수 있어요.

❶ 속성의 이름을 클릭합니다.

❷ 나타나는 메뉴에서 [속성 편집]을 클릭합니다.

❸ 유형에 따라 메뉴는 다르게 나타나요. 어떤 메뉴들이 있는지 하나씩 눌러보면서 기능을 살펴봅니다.

데이터베이스 삭제·복제·편집 하기

데이터베이스 왼쪽 상단의 블록 핸들을 클릭하면 데이터베이스 편집 메뉴가 나타납니다.

- **삭제 :** 데이터베이스를 삭제해요.

- **복제 :** 데이터베이스를 복제해요. 콘텐츠를 포함하거나 제외하고 복제할 수 있어요.

- **페이지로 열기 :** 인라인을 전체 페이지로 열어요.

- **새 탭에서 열기 :** 새로운 탭에서 열 수 있어요.

- **사이드 보기에서 열기 :** 사이드 보기로 열 수 있어요.

- **링크 복사 :** 링크를 복사해서 다른 곳에 붙여넣기할 수 있어요.

- **데이터베이스 잠금 :** 데이터베이스의 형식은 잠그되 데이터 입력은 할 수 있어요.

- **이름 바꾸기 :** 데이터베이스의 제목을 바꿀 수 있어요.

- **페이지로 전환 :** 전체 페이지로 전환해요.

- **간단한 표로 전환 :** 간단한 표 형식으로 전환해요. 반대로 표에서는 데이터베이스로 전환할 수 있어요.

- **CSV와 병합 :** CSV 파일을 병합해서 가져올 수 있어요.

- **옮기기 :** 다른 페이지로 옮길 수 있어요.

오늘의 미션 **데이터베이스 만들기와 기본 속성 추가하기**

❶ [/데이터]를 입력하면 나타나는 메뉴 중 [데이터베이스-인라인]을 선택해요.

❷ 태그 옆의 [+]를 클릭하면 나타나는 속성 중 원하는 유형을 선택해요.

❸ 반복해서 속성을 추가하며 속성에 따라 나타나는 값을 확인해보세요.

⊞ 표						
제목 없음						
Aa 이름	☰ 태그	# 숫자	⊙ 선택	☎ 전화번호	☑ 체크박스	⊙ 최종 편집 일시
					☐	2024년 3월 14일 오전 6:21
					☐	2024년 3월 14일 오전 4:58
					☐	2024년 3월 14일 오전 4:58
					☐	2024년 3월 14일 오전 6:21
+ 새로 만들기						

오늘은 여기까지입니다. 데이터베이스는 기능이 많고 익숙하지 않은 형식이라 익숙해질 때까지 반복해보는 게 중요해요. 데이터베이스를 원하는 곳에 생성해보고, 메뉴의 위치를 익혀보세요. 속성을 하나씩 추가하면서 어떤 유형이 있는지 살펴보고 데이터를 입력해봐도 좋습니다.

내일은 속성의 유형을 자세하게 파헤쳐볼게요. '데이터베이스 마스터하고 Notion 고수되기!' 첫 시작을 응원합니다.

화요일 : 데이터베이스 기본 속성 파헤치기

데이터베이스 속성의 다양한 유형을 알면 데이터를 더 체계적으로 관리할 수 있어요. 오늘은 여러 유형 중에서 기본 속성의 자주 사용하는 유형을 파헤쳐볼게요.

숫자

❶ [숫자 형식]을 누르면 다양한 숫자의 형식이 나타나요. 쉼표가 있는 숫자, 원, 퍼센트(%), 달러 등의 형식으로 표시할 수 있습니다.

❷ 표시 옵션

- **숫자** : 기본 숫자로 표시됩니다.
- **막대** : 숫자와 막대가 같이 나타나요. 나누기 기준을 정하면 기준에 따른 값이 막대로 표시됩니다. 막대 색상도 변경할 수 있고, [번호 표시]를 비활성화하면 막대만 나타납니다.
- **원형** : 숫자와 원형으로 나타나요.

선택과 다중 선택

선택은 한 번에 하나의 태그를 선택할 수 있는 속성이에요. 태그란 정보를 분류하고 구조화하는 데 사용되는 키워드를 말해요. 데이터를 분류하거나 콘텐츠를 쉽게 찾을 수 있도록 도와줘요.

다중 선택은 태그를 2개 이상 선택할 수 있어요. 옵션을 추가해서 태그를 만들 수 있으니 옵션을 추가해볼까요.

❶ [+옵션 추가]를 클릭해요.

❷ 파란색 박스에 옵션 이름을 입력하고 [Enter]를 눌러요.

❸ 반복해서 옵션을 입력할 수 있어요.

❹ 선택 속성의 빈칸을 클릭하면 입력한 옵션이 나타납니다. 원하는 옵션을 선택하세요.

상태

상태별로 그룹화하기 위한 태그가 있는 메뉴예요. 할 일, 진행 중, 완료 그룹이 나타납니다. 프로젝트를 진행할 때 통일된 언어로 업무 진행 상태를 파악하기 위해 주로 사용해요.

세 가지 그룹 '할 일', '진행 중', '완료'의 오른쪽 [+]를 클릭한 뒤 원하는 하위 옵션을 자유롭게 만들 수 있어요.

상태 속성의 하위 옵션 예시

(가) 할 일

- **계획 중 :** 향후 진행될 수도 있는 아이디어나 제안 중인 프로젝트
- **일시 중단 :** 문제가 해결돼야 다시 진행할 수 있는 프로젝트

- **검토 중 :** 프로젝트 시작을 위한 승인을 기다리는 중

(나) 진행 중

- **첫 번째 초안, 두 번째 초안, 편집 중 :** 콘텐츠 창작과 관련된 다양한 진행 단계
- **(팀원) 작업 중 :** 현재 프로젝트를 진행 중인 사람
- **대기 중 :** 승인이나 추가 정보를 받아야 진행할 수 있는 프로젝트

(다) 완료

- **마무리 :** 작업이 곧 마무리될 프로젝트
- **확정 :** 작업이 완료된 모든 프로젝트
- **아카이브 :** 장기 보관소에 저장됨

날짜

날짜 또는 날짜 범위를 선택하여 날짜와 시간을 추가하고 리마인더를 설정할 수 있어요. 입력 방법을 살펴볼게요.

❶ 날짜 속성의 빈칸을 누르면 달력과 메뉴가 나타납니다.

- **리마인더 :** 알림 설정입니다. 10분 전, 30분 전, 하루 전 등 알림을 받기 원하는 시간에 메일, 모바일, 사이드바의 업데이트에 알림이 뜹니다.
- **종료일 :** 진행 범위를 표시합니다.
- **시간 포함 :** 시간을 입력합니다(종료일과 시작일을 같은 날로 입력하고 시간을 입력하면 진행 시간을 표시할 수 있습니다).

• **삭제 :** 입력한 시간을 삭제할 수 있습니다.

데이터베이스 계산하기

데이터베이스 하단으로 커서를 가져가면 [계산]이 나타납니다. 속성에 따라 계산 값이 다르게 나타나요. 다양한 값 세기, 합계, 평균, 최소 등을 계산할 수 있습니다.

속성의 이름 바꾸기, 편집, 삭제, 복제하기

❶ 속성 이름을 클릭합니다.

❷ **이름 바꾸기** : 박스 안에 변경할 이름을 입력해요.

❸ **속성 편집** : 다른 속성으로 변경하거나 편집합니다.

❹ **보기에서 숨기기** : 데이터베이스 보기에서 숨깁니다.

❺ **속성 복제** : 같은 속성이 옆에 복제됩니다.

❻ **속성 삭제** : 속성이 삭제됩니다.

❼ **열 줄바꿈** : ON – 바뀐 줄 모두 표시, OFF – 한 줄만 표시

속성 숨기기와 표시, 순서 바꾸기, 새 속성 추가하기

❶ **메뉴 열기** : [⋯] – [속성]을 클릭합니다.

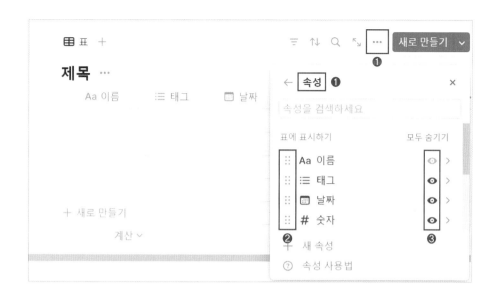

❷ [⋮⋮] : 드래그 이동해서 속성의 순서를 바꿀 수 있어요.

❸ [⦿] : 속성이 보이게 하거나 숨길 수 있어요.

오늘의 미션 **우리 팀 직원들의 연락처 데이터베이스 만들기**

데이터베이스 만들기, 속성 추가하기만 알면 다음과 같은 연락처 데이터베이스를 만들 수 있습니다.

수요일 : 필터, 정렬, 그룹화로 원하는 데이터 보기

데이터베이스의 필터와 정렬을 이용하면 원하는 데이터만 추출해서 볼 수 있습니다. 그룹화를 해서 같은 그룹으로 묶어 체계화하는 방법도 배워볼게요. 아래 콘텐츠 캘린더(부록에 템플릿 수록)를 필터, 정렬, 그룹화 해보겠습니다.

필터

상태 속성에서 진행 중인 데이터만 보기

❶ 데이터베이스에서 [진행 상태] 이름을 클릭합니다.

❷ [필터]를 선택합니다.

❸ 보이기 원하는 옵션을 선택합니다.

❹ 다음과 같이 진행 중인 데이터만 보이게 됩니다.

게시일이 '이번 주'인 데이터만 보기

❶ 같은 방법으로 [게시일] 이름을 클릭한 후 [필터]를 클릭합니다.
❷ [이번], [주]를 선택합니다.

오늘 기준이기 때문에 주가 바뀔 때마다 바뀌는 주의 콘텐츠가 보입니다. 같은 방법으로 '지난 주', '다음 월' 등을 설정할 수 있어요.

여러 속성 필터 사용하기 : '완료되지 않은 블로그 게시물'만 보기

필터 추가로 여러 개의 속성을 적용할 수 있어요.

❶ [진행 상태]를 클릭하고, [필터]를 선택합니다.
❷ [값과 동일하지 않은 데이터]를 선택하고, [완료]를 선택합니다.

❸ [유형] 이름을 클릭하고, [필터]를 선택합니다.

❹ [블로그 게시물]을 클릭합니다.

정렬

항목을 오름차순 또는 내림차순으로 정렬할 수 있습니다. 우선순위, 최종 편집일시, 알파 벳순 등으로 데이터를 정렬하세요.

❶ 데이터베이스 오른쪽 상단에서 [정렬]을 클릭합니다.

❷ 나타나는 메뉴에서 원하는 속성을 선택하세요.

❸ 오름차순/내림차순으로 변경할 수 있습니다.

❹ [+정렬 추가]로 정렬을 추가할 수 있습니다.

❺ 정렬이 적용되는 순서를 변경하려면 [⋮⋮](블록 핸들)을 사용해 위아래로 순서를 바꿔주세요.

그룹화와 하위 항목

원하는 속성의 조건으로 데이터를 그룹화할 수 있습니다.

상태 속성으로 그룹화하기

❶ 데이터베이스의 […]를 클릭합니다.

❷ [그룹화]를 선택합니다.

❸ [그룹화 기준]에서 [진행 상태]를 선택합니다.

❹ 다음과 같이 상태 속성별로 데이터베이스가 그룹화되어 토글(▼)로 나타납니다.

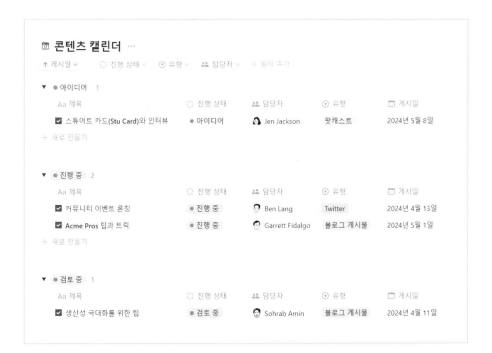

데이터베이스 항목에 하위 항목을 만들어 정보를 구조화할 수 있습니다. 하위 항목을 활성화하면 제목 앞에 토글 표시가 나타납니다.

❶ 데이터베이스의 [⋯]를 클릭합니다.

❷ [하위 항목]을 클릭합니다.

❸ [하위 항목 켜기]를 클릭합니다.

❹ 데이터베이스 항목 앞에 ▼(토글)표시가 나타납니다.

오늘의 미션 **데이터베이스 필터, 정렬, 그룹화**

❶ 원하는 데이터베이스의 진행 중인 작업만 필터링하세요.

❷ 날짜를 오름차순으로 정렬하세요.

❸ 월별로 그룹화하세요.

❹ 항목에 하위 항목을 만들어보세요.

목요일 : 링크된 데이터베이스와 보기 추가하기

링크된 데이터베이스

링크된 데이터베이스는 같은 데이터베이스를 복사해서 다른 페이지, 다른 보기 유형으로 연결해서 볼 수 있는 방법입니다. 기존 데이터베이스를 필요에 따라 보기 변경, 필터, 정렬을 적용해서 사용할 수 있습니다.

링크된 데이터베이스 만들기

링크된 데이터베이스를 만드는 방법은 두 가지가 있습니다.

(가) 방법 1

❶ [/링크]를 입력합니다.

❷ [링크된 데이터베이스 보기]를 클릭합니다.

❸ 데이터베이스 제목을 검색하거나 아래로 스크롤해서 링크하려는 데이터베이스를 찾아 클릭합니다.

(나) 방법 2

❶ 복사할 데이터베이스의 보기 이름을 클릭 – [보기 링크 복사]를 클릭합니다.

❷ 원하는 위치에 [Ctrl+V] – [링크된 데이터베이스 보기 생성]을 클릭합니다.

CHAPTER 3

링크된 데이터베이스에서 보기, 필터, 정렬을 새로 만들거나 제거해도 원본 데이터베이스는 변경되지 않습니다. 하지만 링크된 데이터베이스의 실제 콘텐츠나 속성을 추가, 편집하면 원본에도 반영됩니다.

KEY POINT 특히 링크된 데이터베이스에서 데이터를 삭제하면 원본에서도 같이 삭제되므로 주의하세요.

데이터베이스 보기를 생성하는 방법

같은 데이터베이스를 용도에 따라 6개의 다양한 레이아웃으로 전환할 수 있습니다. 6개의 보기를 만들고 편집해보겠습니다.

보기를 생성하는 방법

(가) 방법 1. 보기를 탭으로 나열하기

❶ 데이터베이스 [새 보기] 옆의 [+]를 클릭합니다.

❷ 원하는 보기를 클릭합니다.

❸ 다음과 같이 추가하는 보기가 탭 형태로 나열됩니다. 필터와 보기로 원하는 데이터를 용도에 맞게 시각화할 수 있습니다.

(나) 방법 2. 원하는 보기 형태로 생성하기

❶ [/]와 생성하기를 원하는 보기를 누르고 클릭합니다.

❷ [+새 보드]를 클릭합니다(검색으로 기존 데이터베이스를 불러올 수도 있습니다).

❸ 생성된 페이지 박스(카드)를 클릭하고 데이터를 입력합니다.

카드 생성하고 편집하는 방법

데이터베이스 하단의 [+새로 만들기] 또는 오른쪽 상단의 [새로 만들기]를 클릭하면 새 카드가 생성됩니다.

❶ **카드 옮기기** : 드래그&드롭으로 다른 위치로 옮길 수 있습니다.
❷ 카드에 커서를 올려두고 마우스 오른쪽 버튼을 클릭하면 삭제, 복제, 링크 복사, 이름 바꾸기, 옮기기, 속성 편집 메뉴가 나타납니다.

보기 레이아웃 편집하는 방법

❶ 보기 제목을 클릭하면 메뉴가 나타납니다.

- **이름 바꾸기** : 보기의 이름을 바꿀 수 있습니다.
- **보기 편집** : 다른 보기로 바꾸거나 속성을 편집합니다.
- **보기 링크 복사** : 보기 링크를 복사해서 원하는 곳에 붙여넣으면 링크된 데이터베이스 같은 보기 형태로 나타납니다. 필터, 정렬까지 같이 적용됩니다.
- **복제** : 같은 보기가 하단에 복제됩니다.
- **제거** : 삭제는 아니고, 해당 보기만 제거됩니다.

오늘의 미션 **링크된 데이터베이스**

❶ 원하는 데이터베이스를 만들어요.

❷ 링크된 데이터베이스를 추가해요.

❸ 필터, 보기 추가를 이용해 원하는 데이터만 보이도록 만들어보세요.

금요일 : 6개의 데이터베이스 보기

데이터의 활용도에 따라 레이아웃을 6개의 형태로 바꿔보세요. 데이터는 보존되면서 다양한 보기로 업무 시각화에 편리하고, 효율적인 협업을 할 수 있습니다.

	보기	용도에 따른 데이터베이스 레이아웃 활용법
1	표	데이터 정리 및 추가, 세부 사항 확인
2	보드	프로젝트 관리, 작업 진행 상황 파악
3	타임라인	프로젝트 일정 관리, 중요 이벤트 추적
4	캘린더	개인 일정 관리, 미팅 및 이벤트 스케줄링
5	리스트	간단한 할 일 목록, 체크리스트 작성
6	갤러리	이미지 기반의 데이터, 포트폴리오 및 출품작 관리

데이터베이스 보기 레이아웃을 생성하는 방법

❶ [/보드]와 같이 보기 레이아웃 이름을 입력하면 메뉴가 나타납니다.

❷ 파란 창에 기존 데이터베이스 제목을 입력해서 불러오거나, 하단의 [+새 데이터베이스 시작]을 클릭하면 선택한 보기의 데이터베이스가 생성됩니다.

데이터베이스 보기 레이아웃을 변경하는 방법

현재의 데이터베이스 보기에서 다른 보기로 변경하는 방법은 다음과 같습니다.

CHAPTER 3

❶ [보기 이름] 클릭 – [보기 편집] 클릭 – [레이아웃] 클릭
❷ 원하는 보기 레이아웃 선택

표 보기 : 많은 자료 정리, 가계부 등

데이터베이스를 생성하면 기본으로 나타나는 유형입니다. 많은 자료를 정리할 때 유용하며 가계부 등에 사용할 수 있습니다.

❶ [보기 이름]을 클릭하면 이름 바꾸기, 편집, 삭제를 할 수 있습니다.

❷ [보기 편집] – [레이아웃]을 클릭하면 아래 메뉴바가 나타납니다.

- **데이터베이스 제목 표시** : 데이터베이스의 제목을 표시합니다.
- **세로선 표시** : 세로선을 표시하거나 삭제할 수 있습니다.
- **모든 열 줄바꿈** : 바뀌는 열의 줄을 표시할 수 있습니다.
- **페이지 보기 선택** : 페이지를 열었을 때 사이드, 중앙, 전체 페이지로 선택해서 열 수 있습니다.
- **페이지 아이콘 표시** : 페이지의 아이콘을 표시하거나 지울 수 있습니다.

보드 보기 : 카테고리로 모아 보기

원하는 속성에 따라 그룹화하여 볼 수 있습니다. 업무의 진행 상황을 볼 때도 유용합니다.

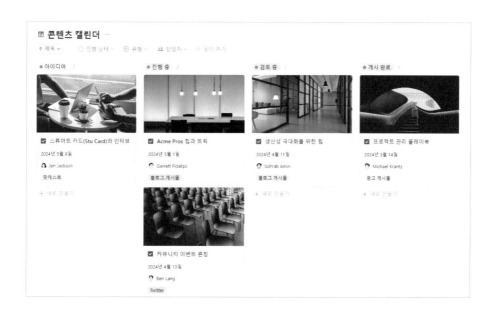

보드 보기 편집 메뉴

❶ [보기 이름]을 클릭하면 이름 바꾸기, 편집, 삭제를 할 수 있습니다.

❷ [보기 편집] – [레이아웃]을 클릭하면 옆의 메뉴바가 나타납니다.

- **카드 미리보기** : 선택에 따라 이미지가 나타납니다. [카드 사용 안함], [페이지 커버], [페이지 콘텐츠]를 선택할 수 있습니다.

- **카드 크기** : 작게, 중간, 크게 변경할 수 있습니다.

- **그룹화 기준** : 날짜, 태그, 숫자, 텍스트 등 선택하는 속성에 따라 그룹화됩니다.

- **열 배경색** : 열의 배경색이 속성 색으로 변

경됩니다.

- **페이지 보기 선택 :** 페이지를 열었을 때 사이드, 중앙, 전체 페이지로 선택해서 열 수 있습니다.

타임라인 보기 : 프로젝트 진행 상황이 궁금할 때

프로젝트를 시간 순으로 시각화하기 좋습니다. 1년 단위부터 시간 단위까지, 원하는 대로 타임라인을 만들 수 있습니다.

타임라인 위의 '〈 오늘 〉'의 왼쪽에 시간 단위가 있는 드롭다운 메뉴를 클릭하면 시간, 일, 주, 2주, 월, 분기, 년으로 기간 단위를 조정할 수 있습니다.

타임라인 보기 편집 메뉴

❶ [타임라인 이름]을 클릭하면 이름 바꾸기, 편집, 삭제를 할 수 있습니다.
❷ [보기 편집]-[레이아웃]을 클릭하면 아래 메뉴바가 나타납니다.

- **타임라인 표시 기준 :** 날짜 속성 중 선택할 수 있어요.
- **별도의 시작일과 종료일 사용 :** 날짜 속성이 2개 이상인 경우, 시작일과 종료일을 별도로 지정할 수 있어요.
- **표 보기 :** 타임라인 앞에 데이터베이스 표가 나타납니다.

캘린더 보기 : 일정 관리를 한번에

캘린더 형식으로 데이터를 볼 수 있습니다. 중요한 일정, 행사, 프로젝트의 날짜, 시간을 확인하세요.

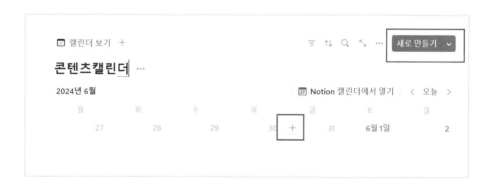

❶ 마우스 커서를 날짜 위로 가져가면 나타나는 [+]를 클릭하면 항목을 추가할 수 있습니다.

❷ 오른쪽 상단의 파란색 [새로 만들기] 버튼을 클릭하면 날짜 속성에 따라 새 항목 카드가 생성됩니다.

- **캘린더 표시 기준 보기** : 날짜 속성이 여러 개일 경우 표시 기준을 선택할 수 있습니다.
- **캘린더 표시 기준** : 월(월 단위로 보임), 주(주 단위로 보임)
- **주말 표시** : 비활성화하면 주말이 보이지 않습니다.

리스트 보기 : 심플한 목록표

리스트는 단순하고 미니멀한 데이터베이스 보기입니다. 깔끔하게 리스트 정리를 원하는 경우 적합합니다.

갤러리 보기 : 사진 모으기, 북리스트

이미지를 시각적으로 볼 때 가장 좋은 데이터베이스입니다. 갤러리, 북리스트 등에 사용

해보세요. 메뉴는 보드 보기와 같고, 카드 미리보기, 카드 크기, 이미지 맞추기를 선택할
수 있습니다.

레이아웃에 원하는 속성 나타나게 하는 방법

데이터베이스 오른쪽 상단 […] – [속성]을 클릭한 후, 표시할 속성 옆에 있는 [◉] 표시를 클릭하
면 원하는 속성이 레이아웃에서 보입니다.

오늘의 미션 **데이터베이스 보기 추가**

❶ 원하는 데이터베이스 표 보기를 만듭니다.

❷ [보드 보기]를 추가하고 원하는 속성을 보이게 하세요.

❸ [타임라인 보기]를 추가하고 표 보기가 같이 보이도록 설정하세요.

❹ [캘린더 보기]를 추가하고 새 데이터를 만들어보세요.

❺ [리스트 보기]를 추가하고 원하는 속성을 보이게 하세요.

❻ [갤러리 보기]를 추가하고 [페이지 커버]가 보이도록 설정해보세요.

주말 미션 : 웹클리퍼로 자료 수집하기

우리는 하루에도 엄청난 양의 정보를 만납니다. 바쁘게 돌아가는 일상에서 의미 있는 정보를 만났을 때 바로 저장하지 않으면 놓치고 맙니다. 그때 사용할 수 있는 유용한 기능이 Notion 웹클리퍼(Web Clipper)입니다.

웹클리퍼는 클릭 한 번으로 페이지를 클립한 후, Notion에서 볼 수 있는 확장 프로그램입니다. 웹클리퍼로 원하는 자료를 빠르게 모으고, 데이터베이스에 정리해보세요.

PC에서 웹클리퍼 사용하는 방법

❶ 웹클리퍼 다운로드(https://www.notion.so/ko-kr/web-clipper) 또는 Notion 홈페이지에서 다운로드(www.notion.so - 다운로드 - Web Clipper)

❷ Notion에 데이터베이스 만들기(기존 데이터베이스로도 가능합니다.)

❸ 웹에서 원하는 정보 검색

❹ 오른쪽 상단 Notion 로고 클릭

❺ 이동하기를 원하는 워크스페이스 선택

❻ 추가 대상 – 데이터베이스 [웹클리퍼 B] 검색 후 선택

❼ 원하는 제목 수정

❽ [페이지 저장] 클릭

웹클리퍼 아이콘이 보이지 않는 경우 TIP

[확장 프로그램] 버튼을 클릭하면 나타나는 리스트 중에서 [Notion Web Clipper] 옆에 있는 [핀 아이콘]을 클릭해주세요.

제목과 링크가 자동으로 저장되고, 페이지를 열면 콘텐츠 내용까지 저장되기도 합니다. 하루 동안 자료를 웹클리퍼해보세요. 얼마나 많은 정보가 쌓였나요?

하루에 한 번 또는 주에 한 번으로 시간을 정해서 웹클리퍼 데이터베이스에 쌓인 정보를 정리해보세요. 자신의 평소 관심 분야도 알 수 있고, 놓칠 뻔한 중요한 정보들도 찾을 수 있습니다.

진행하고 있는 프로젝트의 자료, 가고 싶은 여행지, 배우고 싶던 클래스 무엇이든 한 곳으로 모으고, 편하게 관리하세요.

모바일에서 Notion으로
공유하는 방법

모바일의 경우 Notion 앱이 설치되어 있으면 웹클리퍼 설치 없이 바로 공유가 가능합니다. 방법을 배워볼까요.

모바일에서 Notion으로 바로 공유하기

❶ 자료 검색

❷ 하단 공유 아이콘 클릭

❸ […] 클릭(Notion 아이콘이 보이지 않는 경우)

❹ Notion 아이콘 클릭

❺ [추가 대상] 클릭

❻ Notion 페이지 또는 데이터베이스 제목 검색 – 클릭

❼ 제목 수정하기

❽ [완료] 클릭

❾ Notion에 잘 공유되었는지 확인

03 3주 차(3 STEP) : 데이터베이스 활용하기 [프로젝트 관리]

진행 과정을 실시간으로 보고 협업하기

Notion은 협업과 프로젝트 관리에 최적화된 도구입니다. 나와 팀에 맞는 업무 시스템을 세팅하고 진행 과정을 실시간으로 공유해보세요. 팀워크가 좋아지고 성과를 높일 수 있어요. 3주 차에는 프로젝트와 작업 관리 시스템을 만들고 협업하는 방법까지 배워보겠습니다.

프로젝트
관리 시스템

프로젝트 관리 시스템의 장점

- 프로젝트 진행 과정부터 결과까지 생성하는 자료와 문서를 체계적으로 정리할 수 있어요.
- 원활한 협업으로 프로젝트 성과를 높일 수 있어요.
- 새로운 프로젝트가 생겨도 같은 업무 흐름으로 진행함으로써 업무 시간을 단축할 수 있고, 예측 가능한 흐름으로 업무 효율성이 상승해요.

필요한 데이터베이스

프로젝트 관리 시스템을 만들기 위해선 아래와 같이 5개의 데이터베이스(DB)가 필요합니다. 각 데이터베이스에 어떤 내용을 입력하는지 다음 표에서 살펴볼게요.

필요한 데이터베이스	설명
프로젝트 DB	특정 목표를 달성하기 위해 시행되는 작업들 정확한 시작과 종료 시점이 있음 특정한 결과물을 만들기 위한 목적이 있는 작업
작업 DB	프로젝트를 완성하기 위한 개별적인 단계나 활동 특정한 목표를 달성하기 위해 필요한 작업 그 결과는 프로젝트의 전체 목표 달성에 기여
부서 DB	팀원이 속한 부서 카테고리 팀 소개, 목표, 하는 일, 성과 등을 소개 팀 내의 커뮤니티 공간
팀원 DB	팀원 개인의 관리 페이지 프로젝트 목적 달성을 위한 개인의 작업과 일정 관리 팀원 개인의 작업 진행 상황 추적과 협업 공간
문서함	Note 인박스 아카이브

3주 차에는 프로젝트부터 일정 관리까지 데이터베이스를 만들고, 다음과 같이 프로젝트와 작업을 한눈에 볼 수 있는 [프로젝트 관리 시스템] 페이지를 만들어볼게요.

월요일 : [프로젝트], [작업] 데이터베이스 만들기

[프로젝트]와 프로젝트를 달성하기 위한 [작업] 데이터베이스를 만듭니다.

프로젝트 관리 데이터베이스 만들기

❶ 원하는 위치에 페이지 추가

❷ 페이지 제목 [프로젝트 관리] 입력

❸ [/데이터베이스 – 인라인] 생성

❹ 데이터베이스 제목 [프로젝트 DB] 쓰기

❺ 속성 추가하기

- **상태 :** 상태 유형(준비, 진행 중, 완료)

- **진행일 :** 날짜 유형(진행 기간 입력)

- **담당자 :** 사람 유형(게스트로 초대한 팀원 중 담당자 입력)

- **태그 :** 선택 유형(진행 프로젝트의 분류 옵션 입력)

❻ 진행하고 있는 프로젝트 이름과 속성 입력하기

🔗 프로젝트DB

👥 표 +

Aa 프로젝트 이름	☀ 상태	🗓 진행일	👥 담당자	🚩 태그
📖 책쓰기 프로젝트	● 완료	2023/10/16 → 2023/11/17	🔲 이유미	프로젝트
🪶 브랜드 사이트 제작	● 진행 중	2023/11/14 → 2023/11/30	노 노션마스터	브랜딩
🪶 노션 사용법 교육	● 준비	2023/12/15 → 2023/12/22	🔲 이유미	교육

작업 관리 데이터베이스 만들기

작업 관리 **(할 일과 일정)**	할 일 : 프로젝트를 완수하기 위해 할 일 일정 : 미팅, 회의 이벤트와 같이 날짜, 시간, 장소가 정해져 있거나 다른 사람과 함께 하는 작업

❶ [프로젝트 DB] 아래 [/데이터베이스 – 인라인] 생성

❷ 제목 [작업 DB] 쓰기

❸ 속성 추가하기

- **구분** : 선택 유형(옵션 – 할 일/일정 입력)

- **요일** : 수식 유형(요일을 자동 표시하는 수식 입력 formatDate(prop("날짜"), "ddd"))

- **날짜** : 날짜 유형(진행하는 날짜 입력)

- **완료** : 체크박스 유형(할 일이나 일정이 완료되면 체크, 상태 속성으로 대체)

❹ 프로젝트를 완수하기 위해 해야 할 일과 일정을 빈칸에 입력하기

화요일 : [부서], [팀원 관리], [문서함] 데이터베이스 만들기

프로젝트를 진행하는 부서와 팀원 관리 데이터베이스를 만들고, 프로젝트를 진행하며 생성된 문서를 정리한 문서함 데이터베이스도 만들어요.

부서 데이터베이스 만들기

❶ [작업 DB] 아래 [/데이터베이스 – 인라인] 생성

❷ 데이터베이스 제목 [부서 DB] 쓰기

❸ 이름 속성에 부서 이름 쓰기

팀원 데이터베이스 만들기

❶ [부서] 아래 [/데이터베이스 – 인라인] 생성

❷ 데이터베이스 제목 [팀원 DB] 쓰기

❸ 속성 추가하기

- 직책(텍스트), 입사일, 전화번호, 이메일 등 원하는 유형의 속성 추가하기

❹ 빈칸에 속성에 맞게 내용 채우기

문서함 데이터베이스 만들기

❶ [팀원 DB] 아래 [/데이터베이스 – 인라인] 생성

❷ 데이터베이스 제목 [문서함 DB] 쓰기

❸ 속성 추가하기

- 문서 제목, 유형, 카테고리, 생성 일시 등 원하는 유형의 속성 추가하기

❹ 빈칸에 속성에 맞게 내용 채우기

수요일 : 데이터베이스 관계형과 롤업으로 연결하기

작업이 많아지면 어떤 프로젝트를 위한 것인지 기억하기 어려워져요. 그때 프로젝트 데

이터베이스와 작업을 [관계형]으로 연결하면 프로젝트와 작업의 관계를 쉽게 알 수 있어요. 또한 롤업 속성을 이용해서 데이터를 가져오면 여러 데이터를 한 곳에서 보거나 계산할 수 있어요. 직접 만들어보겠습니다.

프로젝트와 작업을 연결하고 달성률 자동으로 나타내기

데이터베이스 관계형 추가하기

❶ [작업] 데이터베이스에 [+] 속성 추가하고 [관계형] 선택

❷ 관계 맺을 데이터베이스를 선택. 여기서는 프로젝트와 연결을 위해 [프로젝트]라고 검색 – [프로젝트 DB] 선택

❸ [프로젝트 DB에 표시] 활성화

❹ [프로젝트 DB]에 나타날 제목 입력, 여기서는 [작업]이라고 입력하겠습니다.

❺ [관계형 추가] 선택

❻ 빈칸을 클릭하면 나타나는 [프로젝트 DB] 리스트에서 작업에 해당하는 프로젝트 클릭

다음과 같이 [프로젝트 DB]와 [작업 DB]에서 서로 연결되고, 데이터가 생성되는 것을 확인할 수 있습니다. 이렇게 연결하면 필터를 이용해서 프로젝트와 연결된 작업만 뽑아

서 볼 수 있기 때문에 업무 집중력을 높일 수 있습니다.

롤업 속성으로 달성률 표시하기

이번엔 '롤업'이라는 속성을 활용해서 프로젝트를 위한 작업을 얼마나 달성했는지 확인할 수 있는 달성률이 나타나도록 만들어볼게요. [작업 DB]에서 작업을 마친 후 완료에 체크하면 [프로젝트 DB]의 달성률이 올라가는 시스템입니다.

❶ [프로젝트 DB]에서 [+] 속성 추가하고 [롤업] 클릭

❷ 파란 제목 박스에 [달성률] 쓰기

❸ 아래 메뉴에서 다음과 같이 설정합니다.

- **관계형** : [작업] 선택

- **속성** : [완료] 선택

- **계산** : [체크 표시된 비율] 선택

- **표시 옵션** : [막대] 선택

❹ [작업 DB]에서 [완료]를 체크하면 [달성률]이 자동으로 올라가는 것을 볼 수 있습니다.

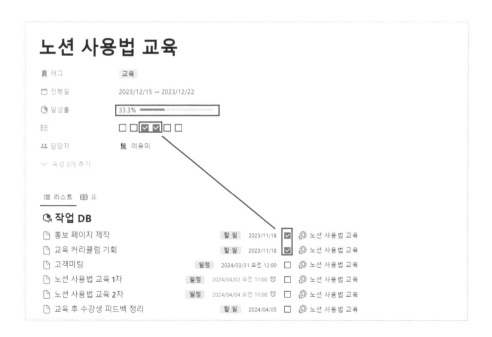

부서와 팀원을 연결하고 부서에 소속된 팀원 자동으로 나타내기

부서와 팀원을 연결해서 어느 부서에 누가 있는지, 몇 명이 있는지 알 수 있고, 개인의
일정 관리는 물론이고 부서 안에서 팀원끼리 커뮤니케이션까지 할 수 있어요.

❶ [팀원 관리] 데이터베이스에 [+] 속성 추가하고 [관계형] 선택

❷ 관계 맺을 데이터베이스 [부서 DB] 검색 후 선택

❸ [부서 DB에 표시] 활성화

❹ [부서 DB]의 관계형 속성 이름 [팀원] 입력

❺ [관계형 추가] 선택

❻ [부서 DB]에서 빈칸을 클릭하면 나타나는 [팀원 관리] 리스트 중 소속 팀원을 선택

❼ [부서 DB]와 [팀원 DB]가 서로 관계된 데이터가 생성되는 것을 확인

목요일 : 프로젝트 상세 페이지 템플릿 만들기

새로운 프로젝트가 생성될 때 페이지 내부에 같은 서식이 생성되도록 상세 페이지 템플 릿을 만들 수 있어요. 팀에서 넣고 싶은 형식을 만들 수 있지만, 여기서는 이미지, 목표, 내용, 작업/일정 관리, 문서함을 넣어보겠습니다.

새 템플릿 생성하기

❶ [프로젝트 DB] 우측 상단 [새로 만들기]의 'V' 표시 클릭

❷ [+새 템플릿] 클릭

제목, 이미지, 목표, 내용 넣기

❶ 제목 [새 프로젝트] 입력, 아이콘 넣기

❷ [/열] – [2개의 열] 선택

❸ 왼쪽 열 – [/이미지] 블록 생성 – 프로젝트를 시각화하는 이미지 넣기

❹ 오른쪽 열 – 목표, 내용 입력

[작업 DB] 넣고 프로젝트 필터링하기

서식을 만드는 또 다른 이유는 자동화를 위해서입니다. 작업/일정 영역에서는 현재 페이지 프로젝트에 관한 작업만 보고 싶은데요. 그러려면 현재 페이지의 프로젝트 제목으로 필터링을 해야 합니다. 새로운 프로젝트가 생길 때마다 데이터베이스를 가져온 뒤 필터를 설정한다면 번거로울 수 있습니다.

이때 템플릿에 [작업 DB] 데이터베이스를 넣고, 필터를 현재 템플릿 제목인 [새 프로젝트]로 설정하면 새로운 프로젝트가 생성될 때마다 자동으로 설정됩니다. 구체적인 방법을 배워볼까요.

❶ [/링크된 데이터베이스 보기] – [작업 DB] 클릭

❷ [필터] – [프로젝트 DB] – [새 프로젝트]

문서함 넣기

❶ [/링크된 데이터베이스 보기] – [문서함 DB] 클릭

❷ [필터] – [프로젝트 DB] – [새 프로젝트]

금요일 : [프로젝트 관리 시스템] 만들고 협업하기

프로젝트 진행 상황을 한눈에 보면서 관리할 수 있도록 프로젝트 관리 시스템을 만들고 협업하는 방법을 배워볼게요.

다음 이미지는 프로젝트 관리 시스템을 한눈에 볼 수 있는 대시보드입니다. 새로운 프로젝트가 생기면 위에서부터 아래로 흘러가며 작업을 완료하도록 시스템화되어 있어요. 또한 주별, 월별, 팀원별로 작업과 일정을 확인할 수 있습니다. 프로젝트 관리 시스템으로 다음과 같은 탁월한 업무 효과를 얻을 수 있습니다.

프로젝트 관리 시스템

원본 데이터베이스 라인

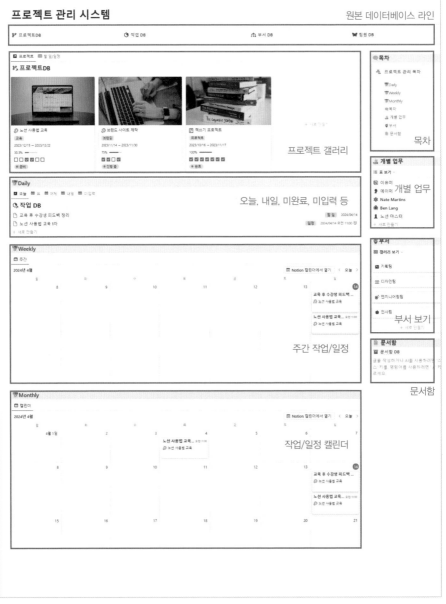

186

- 새 프로젝트마다 [프로젝트 갤러리]에서 [+새로 만들기]를 추가하면 업무 프로세스가 자동으로 생성됩니다.

- 페이지를 열고, 프로세스에 따라 내용과 목표, 작업, 일정을 체계적으로 계획할 수 있어요.

- 매일 오늘 작업을 확인하고, 완료하지 못한 업무는 없는지 체크해서 놓치는 일이 없도록 진행할 수 있어요.

- 주간 캘린더와 월간 캘린더로 전체 일정을 한눈에 보면서 시간을 관리할 수 있어요.

- [개별 업무]에서 팀원의 진행 상황을 추적하고, 협업하거나 일정을 조율할 수 있어요.

- [부서]에서 부서별 커뮤니케이션을 할 수 있어요.

- 프로젝트 중에 발생하는 각종 문서는 [문서함 DB]에 분류해서 한 장소에 보관할 수 있어요.

- 프로젝트 달성도를 체크하고 일정을 점검하며 프로젝트 실행력을 높여갈 수 있어요.

원본 데이터베이스 라인 만들기

일주일간 만든 프로젝트, 작업, 부서, 팀원, 문서함 [데이터베이스−인라인]을 [페이지로 전환]합니다. 이유는 원본 데이터베이스는 보호하고, 링크된 데이터베이스로 보기 전환, 필터링하기 위해서예요.

데이터베이스 전체 페이지로 전환하는 방법

❶ 데이터베이스 앞 블록 핸들 클릭
❷ [페이지로 전환] 클릭
❸ 원본 데이터베이스 영역을 만들어 보기 좋게 배열하기

프로젝트 갤러리 보기와 목차 만들기

'프로젝트 갤러리' 보기

❶ [/열] – [2개의 열] 선택

❷ [/제목 3] 블록을 추가하고, [Project], [목차]라고 제목 쓰기

❸ [/링크된 데이터베이스 보기] – [프로젝트 DB] 데이터베이스 선택

❹ 오른쪽 […] 클릭 – 레이아웃에서 [갤러리] 선택

❺ […] 클릭 – [속성] 클릭 – 보이기 원하는 속성 눈 모양 아이콘 클릭

'목차' 만들기

❶ 오른쪽 목차 제목 아래 [/콜아웃] 블록 만들기

❷ 콜아웃 제목 [프로젝트 관리 목차] 쓰기 – [Enter]

❸ 구분선 ─ ─ ─ 넣기

❹ [/목차] 블록 만들기

❺ 구분선과 목차 드래그해서 콜아웃 안으로 이동하기

데일리(Daily) 그룹 : '오늘, 어제, 내일, 미입력, 월 미완료' 작업 보기

데일리에는 필터를 이용해서 오늘, 어제, 내일의 작업과 미완료 작업을 볼 수 있습니다. 오늘에 [+새로 만들기]를 추가하면 오늘 일정에 추가됩니다.

전체 프로젝트 흐름에서 오늘의 업무를 보고 집중할 수 있어요. 또한 [월 미완료] 보기로 미완료된 작업을 파악한 뒤 처리하거나 날짜를 다시 설정해서 작업을 놓치는 일이 없도록 합니다. 보기를 만들어볼게요.

❶ 프로젝트 아래 [/제목 3] 블록을 만들고 [Daily]라고 입력

❷ [/링크된 데이터베이스 보기] 클릭 – [작업 DB] 선택

'오늘' 작업 보기

❶ 보기 제목 [표] 클릭 – [이름 바꾸기] 클릭 – [오늘] 쓰기

❷ 속성 제목 [날짜] 클릭 – [필터] 선택 – 필터의 […] – [고급 필터에 추가] 클릭

❸ [오늘 기준] 클릭 – [값과 동일한 데이터] 선택 – [오늘] 선택 – 닫기(빈 공간 클릭)

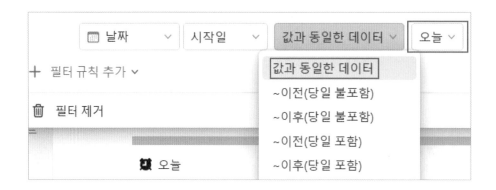

❹ 데이터베이스 [⋯] 클릭 – [레이아웃] 클릭 – [리스트] 선택 – 닫기[X]

❺ 데이터베이스 [⋯] 클릭 – [속성] 클릭 – 보이기 원하는 속성 클릭 – 닫기[X]

❻ [모두에게 저장] 클릭(모두에게 저장은 공유된 데이터베이스에만 보입니다.)

'어제, 내일' 작업 보기

❶ 보기 제목 [오늘] 클릭 – [복제] 클릭

❷ 보기 제목 [어제]로 바꾸기 – [Enter]

❸ [필터] 클릭 – [규칙 1개] 클릭 – [오늘] 클릭 – [어제] 선택 – [모두에게 저장] 클릭

❹ 같은 방법으로 [내일] 작업 보기 생성

'미입력' 작업 보기

날짜가 미정이거나 다른 속성을 입력하지 않았을 때 보이는 보기를 만들어보겠습니다.
모든 속성을 설정하기보다는 중요한 속성(제목, 날짜 등)이 비어 있을 때 보일 수 있도록
설정해보세요.

❶ 보기 제목 [표] 클릭 – [복제] 클릭

❷ 보기 제목 [미입력]으로 바꾸기 – [Enter] – 닫기

❸ [필터] 클릭 – [작업/일정] 클릭 – […] 클릭 – [고급 필터에 추가] 클릭

❹ [값을 포함하는 데이터] 클릭 – [비어 있음] 클릭

❺ [필터 규칙 추가] 클릭 – [및]을 [또는]으로 변경 – [작업/일정]을 [날짜]로 변경

❻ 다른 속성 중 빈칸을 채워야 하는 중요한 속성은 ❺와 같은 방법 반복

'월 미완료' 작업 보기

이번 월에 미완료된 작업을 필터링해서 보이게 합니다. 완료를 클릭하면 이 영역에서 사라집니다.

❶ 보기 제목 [오늘] 클릭 – [보기 링크 복사] 클릭

❷ 아래 빈 공간에 [Ctrl+V] – [링크된 데이터베이스 보기] 클릭

❸ 보기 제목 [월 미완료]로 변경

❹ [필터] 클릭 – [규칙 1개] 클릭 – [값과 동일한 데이터] 클릭 – [오늘 기준] 선택

❺ 이번 [주] 클릭 – [월] 선택 – 빈 공간 클릭 닫기

❺ [+필터 추가] 클릭 – [완료] 선택 – [체크 표시되지 않음] 선택 – [모두에게 저장] 클릭

모두에게 저장 TIP

[모두에게 저장]은 페이지가 다른 사람과 공유된 경우에 나타납니다. 클릭하면 모든 데이터베이스에 적용됩니다.

월간·주간 캘린더 보기

이 보기는 주간의 작업을 캘린더 형식으로 볼 수 있어요. 주 단위로 작업을 볼 수 있기 때문에 작업의 시간 배분이나 일정을 확인하기 편리합니다. 만들어볼게요.

❶ [/링크된 데이터베이스 보기]로 [작업 DB]를 가져옵니다.

❷ 레이아웃을 [캘린더] 보기로 전환합니다.

❸ [캘린더 표시 기준]을 월간은 [월]로, 주간은 [주]로 선택합니다.

개별 업무, 부서, 문서함

❶ [팀원 관리, 부서, 문서함 DB]를 링크된 데이터베이스로 가져옵니다.

❷ [팀원 DB]는 [리스트] 보기로, 부서는 [갤러리] 보기로, 문서함은 [페이지로 전환]합니다.

테스트와 평가 및 업그레이드

이렇게 시스템을 다 만들었다면 일정 기간 팀원과 함께 테스트를 거쳐서 평가합니다. 개선할 부분과 보완할 부분을 찾아 업그레이드해서 팀의 프로젝트를 원활하게 진행할 수 있는 시스템을 만들어가세요.

시스템이 구축되면 팀원들과 함께 일정 기간 테스트를 실시하여 그 성능을 평가합니다. 시스템이 효과적으로 작동하는지, 예상대로 기능하는지 확인하면서 동시에 개선이 필요한 부분이나 보완해야 할 부분이 있는지 찾아냅니다.

테스트와 평가를 통해 발견된 문제점을 업그레이드하고, 시스템의 성능을 지속적으로 향상시키는 과정을 통해 팀 프로젝트의 효율성과 생산성을 높이는 데 도움이 될 수 있는 강력하고 효율적인 시스템을 만들어나갈 수 있습니다.

주말 미션 : 나의 프로젝트와 작업만 볼 수 있는 대시보드

프로젝트 관리 시스템의 오른쪽 개별 업무 리스트의 이름을 클릭하면 다음과 같은 페이지를 만들 수 있어요. 이 페이지는 개인의 프로젝트와 작업만 볼 수 있는 공간이에요. 오늘 해야 할 자신의 작업을 확인할 수 있고, 다른 사람은 팀원의 업무 진행 상황을 추적하고 협업 제안을 할 수도 있어요. 기본 템플릿은 만들어두되 개인의 영역은 필요에 따라 수정할 수 있도록 하면 개인의 고유한 특성이 드러나는 페이지를 만들 수 있어요.

개인 프로젝트 작업 페이지를 활용하는 방법

❶ **사진과 간단한 소개 :** 자신을 소개할 수 있는 글을 넣어주세요.

❷ **To-Do-List :** 급하거나 중요한 일, 계획 중인 일, 날짜가 미정인 일을 적어두세요. 날짜가 정해지면 [작업 DB]로 옮겨도 좋고, 중요하지 않은 일이라면 삭제해도 좋습니다.

❸ **진행 중인 프로젝트, 작업과 일정 :** [프로젝트 DB], [작업 DB]를 링크된 데이터베이스로 만들어요. 필터에서 [담당자] – [이름]을 설정하면 자신의 업무만 보입니다. 나만의 업무 공간을 만들어보세요.

❹ **위클리 스케줄 :** 이번 주의 일정만 필터로 설정한 뒤 알림 설정을 해두세요.

❺ **커뮤니티 :** 자주 소통하는 부서를 필터링하고, 협업이나 소통할 때 '바로가기'를 해보세요.

📷 커버 추가

이유미

⊙ 부서 　　　마케팅
☰ 직책 　　　HR 팀장
🔗 LinkedIn 　linkedin.com/in/...lnacme
@ 이메일 　　notion@google.com
📞 전화번호 　010-1234-5678
↗ 부서 DB 　🍎 인사팀
∨ 속성 4개 추가

📑 댓글 추가

소개
여기에 짧은 자기 소개글을 입력하세요.
▶ **과거 실적** 🏆
▶ **목표** ◎

To-do List
☐ 할 일
☐ 할 일
☐ 할 일
☐ 할 일
☐ 할 일
☐ 할 일

Weekly Schedule
▦ 전체표 ∨

＋ 새로 만들기

Community
▦ 갤러리 보기 ∨

＋ 새로 만들기

▦ 갤러리 보기 ∨ 　… 　＋ ∨

▶️ 기획팀

🎨 디자인팀

⚙️ 엔지니어링팀

🍎 인사팀

진행중인 프로젝트
▦ 전체 보기
⚙ 진행 상태 ∨ 　👥 담당자: 이유미 ∨ 　📅 기간 ∨

Aa 프로젝트　　　　⚙ 진행 상태　👥 담당자　📅 기간　　　⊙ 우선순위　🔲 진행률
필터 결과가 없습니다. 행을 추가하려면 클릭하세요.
＋ 새로 만들기
합계 0/0

작업과 일정
● 나의 작업　📅 나의 일정
↑ 마감일 ∨　⚙ 진행 상태 ∨　👥 담당자: 나,이유미 ∨　📅 마감일 ∨　◎ 프로젝트 ∨
숨긴 그룹
● 시작 전 　0
● 진행 중 　0
● 완료 　0
● 보관 　0

개인 프로젝트 작업 페이지 예시 ▲

팀이 함께 하는 아이스 브레이크 : 아바타 만들기와 출석부 꾸미기

Notion 페이지 안에서 팀이 협업을 할 때 소속감을 느끼고 함께 재미있게 작업하며 즐거운 분위기를 만들 수 있는 두 가지 방법을 소개합니다. 제가 강의할 때 실제로 사용하는 방법이에요. Notion에 재미를 느끼고 Notion 협업을 경험할 수 있는 기회가 됩니다.

Notion 아바타 활용 예시 ▲

Notion 아바타 만들기

오른쪽과 같은 아바타를 만들 수 있어요. 개성 있는 아바타를 만들어 출석부 아이콘에 사용해보세요.

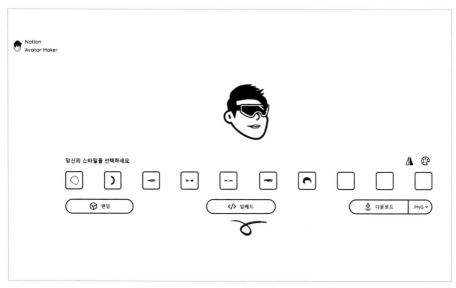

Notion 아바타 메이커(https://notion-avatar.vercel.app/ko) ▲

출석부 꾸미기

❶ 다음과 같이 출석부를 만들고 게스트로 초대하거나, [공유 – 게시 – 편집 허용]으로 공유하세요.
그러면 초대받은 사람이 페이지에 참여해서 직접 새 페이지를 생성하고 빈칸을 채울 수 있어요.
아바타 아이콘, 출석체크, 팀, MBTI 등 원하는 속성을 만들어보세요.

❷ 각자 만들어놓은 아바타를 페이지 안에 넣어서 아바타 갤러리를 만들어보세요. 멋진 팀 소개 게시판이 됩니다.

❸ 페이지 안에 재미있는 리스트 템플릿를 만들어 자신을 소개하고, 댓글로 서로 인사를 나누며 소통해보세요.

04

4주 차(4 STEP) : Notion 고수 되기 [올인원 관리 시스템]

나를 체계적으로 관리하는 일정과 업무 관리 시스템

목표를 계획하고 달성하는 일잘러의 라이프를 꿈꾸시나요? 연간, 월간, 일간 플래너와 습관 플래너를 활용해 나에게 딱 맞는 성공 플래너를 만들어보세요. 여기까지 오셨다면 당신은 이미 Notion의 고수입니다.

일정 관리
시스템

일정 관리 시스템 한눈에 보기

일정 관리 시스템은 쉽게 다이어리라고 생각하면 이해하기 쉬워요. 프로젝트 단위의 일정보다는 연간 일정, 월간 일정, 매일의 시간 계획과 일기 등을 쓰고자 하는 분들에게 적합한 시스템이에요.

일정 관리 시스템을 사용하면 다음과 같은 효과를 얻을 수 있어요.

- 연간 계획과 목표를 시각화함으로써 방향을 잃지 않고 실행할 수 있어요.

- 월간 플래너로 월초에 계획하고 월말에 성찰하며 성장하는 시스템을 만들 수 있어요.

- 매일의 시간 계획, 실행, 리뷰로 단단한 일상을 설계하고 주체적인 삶을 운영할 수 있어요.

- 자신에게 필요한 구성, 시계, 위젯 등 디자인 요소가 들어간 Notion 시스템으로 커스텀 다이어리를 만들 수 있어요.

업무 관리 시스템 한눈에 보기

업무 관리 시스템은 프로젝트와 다이어리를 한 번에 모아 관리할 수 있 는 시스템이에요. 확장된 시스템으로 더욱 강력한 업무 관리의 도구가 될 수 있죠. 다만, 많은 관계형과 필터로 Notion 초보에게는 다소 어려울 수 있습니다. 하나씩 확장하면서 점차 자신에게 맞는 업무 관리 시스템을 만들어가세요.

업무 관리 시스템을 사용하면 하나의 페이지에서 모두 확인하기 때문에 업무 시간이 단축되고, 다음과 같은 효과를 얻을 수 있어요.

- 프로젝트를 타임라인, 월별 그룹화 등 다양한 시각화로 필요에 따라 볼 수 있어요.
- 연간, 월간 플랜과 유기적으로 연계된 프로젝트를 기획하고 운영할 수 있어요.
- 삶의 전반적인 영역, 1년 단위의 계획과 실행을 통해 주도적으로 성장하는 자기 경영 시스템을 만들 수 있어요.
- 겹치는 일정은 없는지 한눈에 보이고, 개인의 삶과 업무의 일정 조율이 쉬워집니다.

월요일 : [연간, 월간 플래너] 만들기

연간 플래너

❶ 원하는 위치에 페이지 추가 – 제목 '일정 관리 플래너'라고 입력

❷ 페이지 안에 [/갤러리 보기] – [+새 데이터베이스 시작] 클릭

❸ 데이터베이스 제목 '연간 플래너' 입력

❹ 페이지를 열어 제목에 '연도' 입력

월간 플래너

❶ 연간 플래너 아래에 [/데이터베이스 – 인라인] 추가

❷ 데이터베이스 제목에 '월간 플래너' 입력

❸ 이름에 '월' 입력

❹ **속성(텍스트) 추가 :** 아쉬운 일, 잘한 일, 다음 달 반영, 몰입할 일

❺ **속성(관계형) 추가 :** 연간 플래너와 관계형을 맺은 후 해당 연도 체크

📅 월간 플래너 DB

Aa 이름	😣 아쉬운 일	😊 잘한 일	★ 다음 달 반영	↗ 연도	□ 날짜
📅 01월 January	😣 BAD :	😊 GOOD :	📅 NEXT :	⏱ 2024년	2024/01/01
📅 02월 February	😣 BAD :	😊 GOOD :	📅 NEXT :	⏱ 2024년	2024/02/01
📅 03월 March	😣 BAD :	😊 GOOD :	📅 NEXT :	⏱ 2024년	2024/03/01
📅 04월 April	😣 BAD :	😊 GOOD :	📅 NEXT :	⏱ 2024년	2024/04/01
📅 05월 May	😣 BAD :	😊 GOOD :	📅 NEXT :	⏱ 2024년	2024/05/01
📅 06월 June	😣 BAD :	😊 GOOD :	📅 NEXT :	⏱ 2024년	2024/06/01
📅 07월 July	😣 BAD :	😊 GOOD :	📅 NEXT :	⏱ 2024년	2024/07/01
📅 08월 August	😣 BAD :	😊 GOOD :	📅 NEXT :	⏱ 2024년	2024/08/01
📅 09월 September	😣 BAD :	😊 GOOD :	📅 NEXT :	⏱ 2024년	2024/09/01
📅 10월 October	😣 BAD :	😊 GOOD :	📅 NEXT :	⏱ 2024년	2024/10/01
📅 11월 November	😣 BAD :	😊 GOOD :	📅 NEXT :	⏱ 2024년	2024/11/01
📅 12월 December	😣 BAD :	😊 GOOD :	📅 NEXT :	⏱ 2024년	2024/12/01

화요일 : [연간, 월간 플래너] 내부 템플릿 페이지 만들기

연간 플래너 내부 페이지 만들기

연간 플래너 내부에 OKR로 실행률을 높이는 계획을 세워봅시다.

OKR(Objectives and Key Results)은 목표와 핵심 결과 지표를 말해요. 이는 팀이나 개인이 달성하고자 하는 목표(Objectives)와 그 목표를 달성하기 위해 필요한 구체적인 행동이나 결과(Key Results)를 명확히 정의하고 전달하는 관리 도구입니다.

연간 계획을 세울 때 OKR로 작성하면 정확한 목표 그리고 달성하기 위한 결과를 계획할 수 있어서 실행률과 달성률을 높일 수 있어요.

다음과 같이 2024년을 열면 보이도록 내부 페이지에 연간과 월간 계획을 넣을 수 있어요.

❶ [2024]를 [열기]합니다.

❷ [아이콘]과 [커버]를 선택합니다.

❸ [/제목 3] 블록으로 제목 '연간 계획'을 넣습니다.

④ [/데이터베이스 – 인라인]을 생성하고 속성(Objectives, Key Results)을 넣습니다.

⑤ [/제목 3] 블록으로 제목 '월간 계획'을 넣습니다.

⑥ [/링크된 데이터베이스 보기] – '월간 플래너'를 선택한 후 [갤러리 보기]로 만들어 넣습니다.

[월간 플래너] 반복 서식 만들기

월이 반복되기 때문에 일정한 서식을 넣기 위해 템플릿으로 만들어보겠습니다. 서식은 월의 시작에 작성하는 '자기 성장 계획'과 월의 마지막 날 작성하는 '자기 성장 보고'로 나눕니다.

영역은 하루경영연구소의 '균형과 몰입을 위한 4개의 기둥 – 나, 가족, 일, 관계'로 회고할 수 있도록 나누었습니다.

❶ 월간 플래너의 오른쪽 상단 [새로 만들기]의 [V] 클릭 – [+새 템플릿] 클릭

❷ 서식을 만들 템플릿이 열리면 다음과 같이 내부 서식을 만듭니다.

- [/제목 3]클릭 – '분기 평가'를 입력합니다.

- [/링크된 데이터베이스] – [월간 플래너 DB] 클릭

- [필터] 클릭 – [날짜] 선택 – [오늘 기준] 클릭 – [범위 내] 선택

- 시작일 [2024/01/01] 선택, 종료일 [2024/03/31] 선택

- 분기가 바뀌면 날짜 범위를 재설정합니다.

❸ 1열에 '자기 성장 계획' – [/열] 클릭 – [2개의 열]을 선택합니다.

- 월의 시작일에 자기 성장 계획을 적습니다. 삶의 균형을 잡기 위해 네 가지 영역, 나, 가족, 일, 관계의 성장 계획을 적습니다.

- 달성 상황을 정확히 알 수 있도록 구체적인 방법, 시간 등을 적습니다.

01월 January

- ☺ 잘한 일
- ☹ 아쉬운 일
- ★ 다음 달 반영
- 🎁 돌입
- ⌄ 속성 2개 추가

- 🎃 GOOD :
- 🎃 BAD :
- 🎃 NEXT :
- 📌

📈 분기 평가

🎛 갤러리

📅 01월 January	📅 02월 February	📅 03월 March	
🎃 NEXT :	🎃 NEXT :	🎃 NEXT :	+ 새로 만들기
🎃 BAD :	🎃 BAD :	🎃 BAD :	
🎃 GOOD :	🎃 GOOD :	🎃 GOOD :	
📌	📌	📌	

📈 자기 성장 계획

👤 나
- 리스트
- 리스트
- 리스트

🎵 가족
- 리스트
- 리스트
- 리스트

⏱ 일
- 리스트
- 리스트
- 리스트

★ 관계
- 리스트
- 리스트
- 리스트

📈 자기 성장 보고

👤 나
- GOOD
- BAD
- 리스트

🎵 가족
- 리스트
- 리스트
- 리스트

⏱ 일
- 리스트
- 리스트
- 리스트

★ 관계
- 리스트
- 리스트
- 리스트

🎁 선물
- 리스트
- 리스트
- 리스트

월간 플래너 템플릿 ▲

균형과 몰입으로 삶을 행복하게 경영하는 '4개의 기둥 플래너'		
나	나 돌봄, 운동, 건강, 습관, 수면, 식사, 자기계발 등	자격증 1개 취득하기 매일 아침 요가 30분 하기 잠들기 전 감정 일기 쓰기
가족	배우자, 자녀, 부모, 재정 등	자녀와 1일 데이트하기 부모님께 안부 전화 주 2회 하기 적금 30만 원 시작하기
일	업무, 급여, 수익 등	업무 프로젝트 50퍼센트 완료하기 포트폴리오 완성하고 10명에게 전달하기
관계	인간 관계, 봉사 등	생일 메시지와 선물 준비하기 해외 의료 봉사 지원하기

CHAPTER 3

❹ 2열에 '자기 성장 보고'

- '자기 성장 보고'는 월의 마지막 날에 계획이 얼마나 실행되었는지 점검한 뒤 잘한 일과 부족한 일을 기록합니다.
- 성장 보고에는 성장 계획에는 없던 '선물'이 추가됩니다. 선물에는 계획하지 않았지만 받은 선물, 감사한 일, 새롭게 얻은 기회 등을 적습니다.

수요일 : [일간 플래너]와 [습관 관리] 만들기

다이어리처럼 매일 시간 계획을 세우고, 칭찬 일기, 감사 일기, 성찰 일기를 쓸 수 있는 일간 캘린더를 만들어요. 속성으로 습관까지 추가해서 습관 관리까지 한번에 해보겠습니다.

일간 플래너 만들기

템플릿에 속성 추가하기

❶ 월간 플래너 아래 [/캘린더] 클릭 생성하고 제목 '일간 플래너' 입력

❷ [일간 플래너] 데이터베이스의 오른쪽 상단 [새로 만들기]의 [V] 클릭 – [+새 템플릿] 클릭

❸ 제목에 'NEW'로 입력

❹ [속성] 텍스트 추가 : '칭찬 일기', '감사 일기', '자기 성찰'을 넣어주세요.

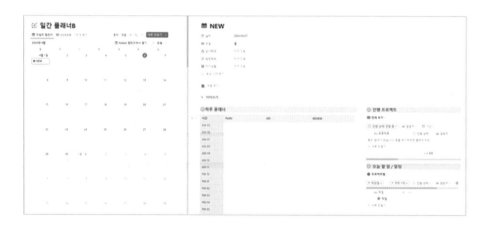

템플릿에 페이지 내용 작성하기

❶ 페이지 부분에 [/열] – [2개의 열] 클릭

❷ [/제목3] – 제목으로 영역 나누기 : 하루 플래너, 진행 프로젝트, 오늘 할 일/일정, 핵심 메모

❸ 1열 : '하루 플래너'는 [/표]로 간단한 표 생성

　　• **시간 :** 기상 시간부터 잠드는 시간을 시간 단위로 기록

　　• **계획(PLAN) :** To-Do-List의 할 일을 시간 안에 배치, 나머지 시간 계획

208

- **실행**(DO) **:** 그날 실제 실천한 일을 기록

- **회고**(REVIEW) **:** 잘한 일, 해결해야 할 일, 앞으로의 계획 등을 기록

❹ 2열 : '진행 프로젝트', '오늘 할 일/일정', '핵심 메모' 리스트 보기

- [/링크된 데이터베이스 보기] – [프로젝트 DB] 선택

- [필터] – [날짜] – [이번 월] 데이터 추출하기

- [/링크된 데이터베이스 보기] – [작업 DB]

- 리스트로 전환

- [필터] – [날짜] – [오늘] 선택

- [/콜아웃] – 제목(핵심 메모) 입력

속성 습관 추가하고, 필터로 [습관 관리] 보기 만들기

[일간 플래너]에 속성으로 습관을 추가하면 플래너와 함께 매일의 습관도 관리할 수 있어요. 4개의 습관을 추가한 후 달성도가 자동으로 생성되도록 수식을 적용해보겠습니다.

❶ [일간 플래너] 데이터베이스 오른쪽 상단 새로 만들기 [V] 클릭 – 'NEW' 옆의 […] 클릭 – [편집] 클릭

❷ **습관 속성 추가 :** [+속성 추가] – [체크박스] – 원하는 습관 이름에 넣기(4개 반복)

예) 글쓰기, 독서 30분, 플래너, 산책운동

❸ **달성도 추가** : [+속성 추가] – [수식] – 이름을 '달성도'로 변경 – [수식 편집] 클릭 – 수식 입력

(toNumber(글쓰기)+toNumber(독서30분)+toNumber(플래너)+toNumber(산책운동))/4

❹ **달성도를 원형 그래프로 표시하기** : 이름 [달성도] 클릭 – [속성 편집] 클릭

- **숫자 형식** : %
- **표시 옵션** : 원형
- **색상 선택**
- **번호 표시** : ON

이제 캘린더에서 습관과 달성도가 바로 보이도록 보기를 추가해볼게요.

❺ [데일리 캘린더] 옆 [+] 클릭 – [캘린더] 선택 – 보기 제목 [습관 캘린더] 변경

❻ 데이터베이스 오른쪽 상단 […] 클릭 – [속성] 클릭

❼ 습관 4개, 달성도 보이도록 눈 표시 클릭

❽ 캘린더에서 습관만 보이고, 체크박스를 클릭하면 달성도가 올라갑니다.

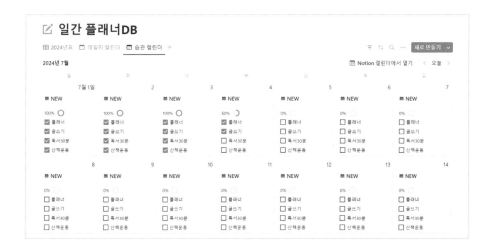

목요일 : 연간 계획부터 습관까지 한눈에 보는 [일정 관리 시스템]

삶의 전반적인 영역을 관리할 수 있는 일정 관리 대시보드입니다. 다이어리에 쓰던 스케줄러라고 보시면 됩니다. 연간 계획부터 월간, 데일리 리포트와 습관체크까지 한번에 볼 수 있도록 시스템화해서 일정을 놓치지 않고 삶의 전반적인 부분이 자동으로 관리되는 시스템을 만들 수 있습니다.

일정 관리
시스템

시계와 캘린더 위젯

시계, 날짜, 캘린더와 같은 위젯을 넣어 커스텀으로 꾸며보세요. 위젯을 만드는 방법은
4주 차 주말 미션 '위젯으로 페이지 꾸미기'를 참고하세요.

데이터베이스

플래너의 원본 데이터베이스를 전체 페이지로 전환해서 콜아웃 박스에 모아주세요. 링크 복사 후 원하는 곳에 붙여넣기를 하면 링크된 데이터베이스로 생성할 수 있어요.

급하게 할 일 리스트

급하게 생각나는 일, 날짜가 정해지지 않은 일, 프로젝트에 해당되지는 않지만 해야 하는 일 등을 기록할 수 있어요.

MY HISTORY(연간 플래너)

[연간 플래너 DB]를 링크된 데이터베이스로 생성해서 연도별로 데이터를 모으면 나만의 HISTORY가 됩니다.

올해의 가치 목표

2024년 연간 플래너 안에 생성한 [OKR 연간 계획]을 링크된 데이터베이스로 가져와서 갤러리 보기로 생성하세요. 목표의 방향을 잃지 않고 실행할 수 있어요.

2024 캘린더 : 매일의 계획과 성찰 다이어리

- **월간 플래너** : [월간 플래너 DB]를 링크된 데이터베이스로 만들어보세요. 월간 플래너는 개인이 활용하는 것에 따라 대시보드에 보이도록 따로 만들 수도 있어요. 캘린더에 보기 추가로 넣어서 공간을 줄였습니다.
- **데일리 리포트** : [일간 플래너 DB]를 캘린더 보기로 생성하세요. 매일의 시간 계획과 실행, 리뷰를 통해 하루를 성찰하고 다음을 계획할 수 있어요.
- **습관 캘린더** : [일간 플래너 DB]를 캘린더 보기로 가져와서 습관 속성과 달성률만 보이도록 설정하세요. 매일 캘린더에서 습관을 체크하고, 달성도를 확인하면서 좋은 습관을 만들어가세요.

오늘은 여기까지입니다. 일정 관리 플래너 대시보드로 연간 계획부터 매일의 습관까지 자연스럽게 흐르도록 시스템을 만들었어요. 새로운 해가 시작되면 연간 플래너에 새로 만들기를 추가해보세요. 매월, 매일 쌓인 기록이 나의 브랜드 스토리가 되고, 히스토리가 됩니다.

금요일 : 프로젝트부터 일정 관리까지 한눈에 보는 [업무 관리 시스템]

일정 관리 시스템이 삶의 전반적인 부분을 관리하는 시스템이라면 업무 관리 시스템은 프로젝트와 일정 관리를 모두 통합한 업무 관리 시스템입 니다. 업무뿐 아니라 개인 일정까지 삶의 전반을 관리하기 때문에 일의 효율성이 크게 향상되며 시간과 노력을 절약할 수 있습니다.

업무 관리
시스템

이 템플릿은 개인 코칭과 비즈니스 코칭 모두에서 가장 인기 있는 템플릿이었어요. 연간 계획과 흐름에서 프로젝트를 볼 수 있고, 매일의 계획을 할 수 있어 만족도가 높았습니 다. 다만 데이터베이스 관계를 이해하는 데 시간이 걸리므로 Notion을 충분히 이해한 후에 사용하시길 추천합니다.

부록에 있는 템플릿을 보고 따라 만들어보세요.

2024 업무 관리 시스템

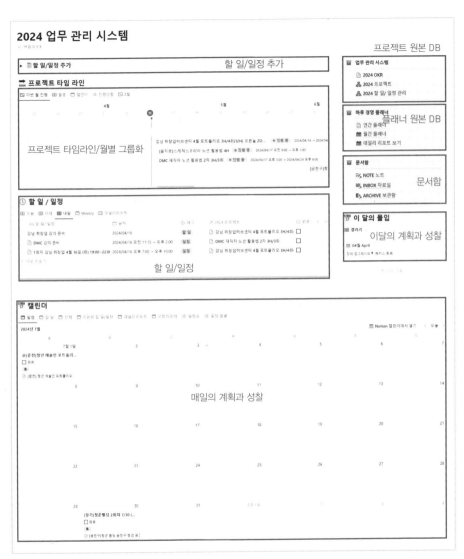

업무 관리 시스템 예시 ▲

할 일/일정 추가

할 일이나 일정을 추가할 수 있어요. 할 일은 특정한 결과를 달성하기 위해 실행해야 하는 개별적인 작업을 의미합니다. 일정은 특정 날짜, 시간에 할 일을 완료해야 하는 일, 행사나 사람과의 약속 등 날짜와 시간이 정해진 일을 의미합니다.

프로젝트 타임라인과 할 일/일정

타임라인으로 프로젝트의 진행 상황을 추적할 수 있어요. 프로젝트 타임라인은 [2024 프로젝트] 데이터베이스 원본을 링크된 데이터베이스로 만든 후에 타임라인 보기로 전환해요.

할 일/일정은 [2024 할 일/일정 관리] 데이터베이스 원본을 링크된 데이터베이스로 만든 후에 오늘, 어제, 내일, 위클리로 필터링해서 보기 추가를 해주세요. (오늘 필터링 방법은 189쪽 참고)

일정과 프로젝트 원본 데이터베이스와 문서함

프로젝트 DB, 플래너 DB, 자료를 보관하는 문서함을 그룹으로 묶어서 콜아웃 박스에 넣어요. 데이터베이스 원본을 모아두고 링크된 데이터베이스로 원하는 보기 형식을 선택해서 볼 수 있어요.

이달의 몰입(계획과 성찰)

이달의 계획을 수시로 확인하며 방향을 잡고 몰입할 수 있어요. [월간 플래너]를 링크된 데이터베이스로 만든 후에 이달로 필터링해요.

프로젝트와 할 일을 매일의 시간에 따라 배분해서 실제로 시간을 어떻게 사용할지 계획하고, 자신에게 맞는 시간 활용법을 찾아갈 수 있어요. [데일리 리포트]를 캘린더로 보기 추가해서 매일의 성찰을 한눈에 확인함으로써 습관으로 만들 수 있어요.

스타일별 Notion 관리 시스템 템플릿 추천

이 책에서 3개의 시스템을 설명했는데요, 모든 시스템을 사용할 필요는 없습니다. 시스템은 되도록 자신에게 맞는 하나를 만들어 자동화할 수 있도록 세팅하는 것이 좋습니다.

스타일별로 어떤 시스템이 좋은지 아래와 같이 추천합니다.

Notion 마스터
체크리스트와
부록(템플릿 확인)

- **프로젝트 관리 시스템(3주 차185쪽)**

  팀 작업이나 프로젝트 협업을 원하는 분들에게 추천합니다.

- **일정 관리 시스템(4주 차 211쪽)**

  삶의 전반적인 목표와 일정을 관리하기 원하는 분들에게 추천합니다.

- **업무 관리 시스템(4주 차 214쪽)**

  협업보다는 개인의 업무와 프로젝트 일정을 통합해서 관리하기를 원하는 분들에게 추천합니다.

시스템	추천 대상	Notion 주요 사용 용도
프로젝트 관리 시스템	팀, 조직	프로젝트 추적 및 협업
일정 관리 시스템	개인	라이프 일정 관리 다이어리
업무 관리 시스템	개인	개인 업무와 일정 관리

주말 미션 : 위젯으로 페이지 꾸미기

위젯은 사용자가 직접 조작할 수 있는 작은 응용 프로그램을 말해요. 위젯은 화면에 항상 표시되어 특정 기능을 쉽게 이용할 수 있도록 도와줍니다. 여기서는 시계, 캘린더, 날씨 등의 위젯으로 'Notion 꾸미기'를 효과적으로 할 수 있는 사이트를 소개합니다.

시계 위젯 예시 ▲

추천 사이트 1. 인디파이 ✎

❶ 사이트(https://indify.co)에 로그인합니다.

❷ 넣고 싶은 위젯을 선택해서 디자인합니다.

❸ 생성된 코드를 복사합니다.

❹ Notion 페이지의 붙여넣고 싶은 곳에 붙이기(Ctrl+V)하고, [임베드 생성]을 선택합니다.

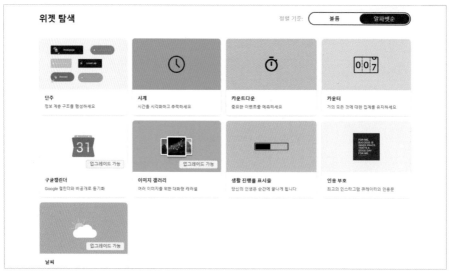

인디파이의 다양한 위젯들 ▲

추천 사이트 2. 위젯박스 🎨 위젯박스

❶ 사이트(https://widgetbox.app)에 로그인합니다.

❷ 원하는 위젯을 선택하세요.

❸ 디자인, 크기, 기능을 조정하세요.

❹ 생성된 코드를 복사하여 Notion 페이지에 붙여넣고, [임베드 생성]을 선택합니다.

위젯박스의 다양한 위젯들 ▲

Notion 캘린더 앱을 구글 캘린더와 연동하여 효율성을 두 배로 올리는 법

Notion 캘린더란?

한 곳에서 개인 일정과 업무 일정을 보고 관리할 수 있는 무료 툴이에요. Notion 캘린더가 2024년에 출시되면서 구글 캘린더와 한 곳에서 일정을 관리할 수 있고, 다양한 기능도 이용할 수 있어 매우 유용하다고 해요. Notion 캘린더 사용법과 기능을 살펴볼게요.

Notion 캘린더의 장점

- 데이터베이스 여러 개의 일정을 통합해서 볼 수 있습니다.
- 팀원과 공유하여 모든 사람이 일정을 볼 수 있습니다.
- 주간, 월간 등 반복적인 일정을 손쉽게 설정할 수 있습니다.

Notion 캘린더 다운로드와 구글 계정 연결하기

❶ Notion 홈페이지의 [다운로드] – [캘린더]를 다운로드하세요.

❷ 구글 로그인 정보를 사용해 계정을 만드세요.

❸ Notion 캘린더에서 구글 계정에 권한을 부여하세요.

Notion 캘린더의 주요한 기능

강의를 할 때 Notion 데이터베이스끼리 통합이 가능한지를 묻는 분이 정말 많았는데요, Notion 캘린더에서는 가능합니다. 여러 가지 데이터베이스를 Notion 캘린더 한 곳에서 볼 수 있고, 또한 구글 캘린더 계정과도 통합해서 볼 수 있어요.

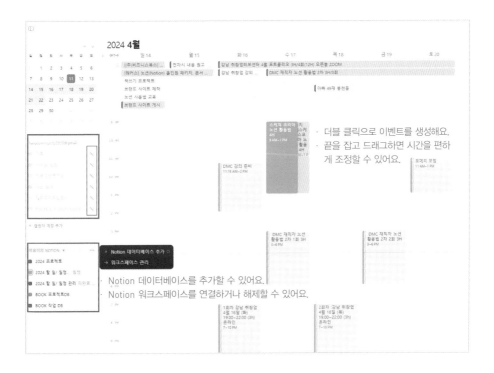

화상 회의 스케줄링 기능

다른 사람들이 나와의 회의나 약속을 잡을 수 있도록 가능 시간과 일정을 링크로 보낼 수 있어요. 화상 회의 도구[구글 미트(Google Meet), 줌(Zoom)]와 연동해서 회의를 잡으면 자동으로 화상 회의가 생성됩니다.

❶ 일정 잡기에서 [가능 여부] 클릭

❷ 캘린더에서 가능한 시간을 드래그하고 [생성] 클릭 – [홀드]가 형성됨

❸ 스케줄링 링크를 복사해서 보내기

❹ 시간이 정해지면 시간 수정 후 [홀드] 옆 […] 클릭 – [홀드에서 이벤트 만들기] 클릭 – 이벤트와 줌 링크가 자동 생성

시간대 설정과 언어 지원

다양한 국가의 시간대를 설정할 수 있고 영어, 한국어, 일본어 등 12개국의 언어를 지원하기 때문에 글로벌 팀과도 일정을 관리하고 협업할 수 있어요.

Notion 워크스페이스와의 통합

Notion 캘린더에서 이벤트를 생성하면 Notion 데이터베이스에 생성됩니다. 캘린더에 자세하게 나누어진 시간표에서 일정을 관리하고, Notion 페이지에서 자료를 보관하고 정리해보세요.

알아두면 좋은 Notion 캘린더   TIP

> Notion 캘린더는 데이터베이스의 날짜 속성이 있는 캘린더 보기와 타임라인 보기만 열려요.
> 그리고 현재 모바일 기기는 iOS 환경에서만 사용할 수 있습니다.

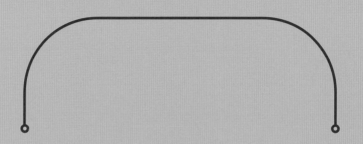

CHAPTER 4

비용은 줄이고
효율은 높이는
Notion 자동화

01 수식 이해하기

Notion에서 수식은 자동화를 위한 필수 기능이에요. 이번 장에서는 수식의 개념을 이해하고, 유용한 자동화를 위한 수식을 더 깊이 파헤쳐볼게요.

Notion 수식이란?

Notion은 데이터베이스의 속성값을 계산해서 원하는 데이터를 가져오고 싶을 때 사용해요. 연산, 달성률, 날짜나 기간 등을 계산할 수 있어요.

수식은 영어로 'Formula', 수학에서 '공식'을 의미하기도 하는데요. Notion 수식은 정해진 공식을 사용해서 원하는 방식으로 데이터를 가공하고 분석할 수 있게 해주는 매우 유용한 기능이에요. 엑셀의 함수와 비슷하지만, 수식의 식에서 차이가 있어요.

Notion에서 수식은 언제 사용하면 좋을까?

Notion 데이터의 간단한 연산, 달성률, 날짜를 이용한 수식, 프로젝트에서 진행 상황이나 목표 달성률을 볼 수 있는 간단한 수식을 추천해요. 수식은 유용한 기능이 많지만 어렵게 느껴질 수 있어요. 엑셀을 사용하는 분이라면 복잡한 수식은 엑셀을 추천합니다. 엑셀이 수식도 더 다양하고, 셀별로 수식을 걸 수 있어 편리하니까요. 이 책에서는 자주쓰는 수식 네 가지(숫자 계산, 문자 형식, 날짜, If 조건문)를 소개합니다.

꼭 알아야 할 수식의 언어

수식은 각 함수에 따라 사용하는 방법을 자세히 안내합니다. 수식의 언어를 알면 더 쉽게 이해할 수 있어요. 다음은 수식을 설명할 때 자주 사용하는 언어들이에요.

구분	예시	설명
속성 (Property)	prop( )	데이터베이스의 속성값을 가져옵니다. 데이터베이스의 특정 열에 있는 값을 사용하여 계산을 수행할 때 사용해요.
연산자 (Operator)	if( ), add( ), subtract( )	간단한 숫자 계산이나 비교에 사용해요.
함수 (Function)	round( ), dateBetween( ), format( )	날짜, 문자, 사칙연산보다 더 복잡한 계산을 할 때 사용해요.
인수 (Argument)	text, number	함수에 넣는 값이에요. 함수마다 넣을 수 있는 데이터 유형과 인수의 개수가 달라요. 인수의 자리에 속성, 숫자, 문자 등을 넣을 수 있어요.

수식의 형식

수식은 얼핏 보면 복잡해 보이지만 기본적인 형식은 아래와 같이 비교적 간단합니다.
인수의 자리에는 속성, 숫자, 문자 유형을 넣을 수 있고, 함수에 따라 넣을 수 있는 수와
유형이 달라요.

- 함수(인수)
- 함수(인수, 인수)
- 함수(조건, 인수, 인수)
- 함수(속성, 인수, 인수)

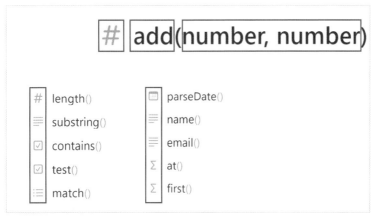

Notion 수식의 형식 ▲

- 가장 앞의 기호는 결과물값이 나타나는 유형입니다. 예를 들면, #은 결과물값이 수로 나타나는 함수예요. 그 아래 줄기호 이미지는 텍스트, 오른쪽의 달력 이미지는 날짜로 결과물값이 나타납니다.
- 괄호 안의 설명은 괄호 안에 들어가는 데이터 유형을 나타내요. 들어가야 할 유형 외의 다른 유형이 들어가면 수식에 오류가 뜹니다. 자주 사용하는 데이터 유형은 다음과 같습니다. (Number : 숫자, Date : 날짜, Text : 문자, Boolean : 참과 거짓)

수식을 추가하는 방법

수식을 사용하려면 Notion의 수식 속성을 추가하세요.

❶ 데이터베이스의 [+]를 클릭합니다.

❷ 속성 유형 중 [수식]을 선택하세요.

❸ [편집]을 클릭하고 수식을 작성하세요.

수식을 작성하는 방법

❶ 수식 입력창에 수식을 입력합니다. 이때 사용하려는 함수를 입력하면 수식 설명과 예시가 나옵
니다.

❷ 예시에 맞춰 수식을 만들고 [완료] 버튼을 누릅니다.

02 수식 실습하기

숫자 계산

다른 속성들의 숫자 값을 계산할 수 있어요. 숫자 계산의 함수는 다음 표와 같아요.

사칙연산과 숫자 관련 함수				
수식 함수	설명	연산 기호	숫자 관련 함수	설명
add	더하기	+	ceil	올림하기
subtract	빼기	−	round	반올림
multiply	곱하기	*	floor	내림
divide	나누기	/	toNumber	숫자 전환

아래 가계부와 같이 월별 지출의 합계는?

🖽 표					
가계					
Aa 월	# 수입	# 식비	# 교육비	Σ 지출 합계	Σ 남은 금액
3월	₩1,000,000	₩300,000	₩200,000	₩500,000	₩500,000

(가) 수식 작성하기

지출의 합계는 '식비'와 '교육비'를 더해야 하고, 이에 적합한 함수는 [add]입니다. 수식 설명에 따라 완성된 수식은 다음과 같습니다.

```
#  add(number, number)
두 수의 합을 반환합니다.

add(5, 10)
= 15

5 + 10
= 15
```

add(식비 , 교육비)   또는   식비 + 교육비

다음의 이벤트 진행표와 같이 목표를 위해 할 일을 몇 퍼센트(%) 달성했는지 막대로 나타내보세요.

이벤트 진행표 ···

Aa 이벤트 명	# 목표할 일	# 달성할 일	Σ 달성률
A이벤트	15	15	100% ▬▬▬▬
B이벤트	10	5	50% ▬▬
C이벤트	20	5	25% ▬

(가) 수식 작성하기

❶ 먼저 '달성할 일'을 '목표할 일'로 나눠야 해요.

divide(number, number)
두 숫자의 몫을 반환합니다.

divide(5, 10)
= 0.5

5 / 10
= 0.5

❷ 수식의 속성을 추가한 후 식을 작성하세요.

❸ 완성된 수식은 다음과 같습니다.

divide(달성할 일 , 목표할 일)   또는   달성할 일 / 목표할 일

❹ 달성률 값이 숫자로 표시되었습니다. 퍼센트와 막대로 바꿔보겠습니다.

# 목표할 일	# 달성할 일	∑ 달성률
15	15	1
10	5	0.5
20	5	0.25

▶

# 목표할 일	# 달성할 일	∑ 달성률
15	15	100% ▬▬
10	5	50% ▬▬
20	5	25% ▬▬

- [달성률] 이름 클릭 – [속성 편집] 클릭 – [숫자 형식] 클릭 – [%] 선택
- 그 아래 [표시 옵션] – [막대] 선택

문자 형식

문자 형식은 문자와 문자를 합치거나 데이터 일부를 변경 또는 추가하고 싶을 때, 날짜에서 월, 일, 요일 등 일부 정보만 가져오고 싶을 때 사용합니다.

문자 형식 관련 함수	
수식 함수	설명
concat 또는 +	문자 연결하기
format	문자로 변환하기
formatDate	날짜를 문자로 변환하기
divide	나누기

연습 문제 : 주소록 자동 완성

아래 표와 같이 주소를 자동으로 완성하는 수식을 작성해보세요.

문자 형식

Aa 이름	⊙ 구	⊙ 동	≡ 상세주소	Σ 주소
이유미	관악구	행복동	1004	이유미 : 관악구 행복동 1004
김사랑	서초구	사랑동	Notion 수식 ⑦	
이한나	마포구	소망동	이름 +" "+":"+" "+ 구 +" "+ 동 +" "+ 상세주소	
+ 새로 만들기			= 이유미 : 관악구 행복동 1004	

수식 작성하기

❶ [+]를 사용하면 쉽게 문자를 연결할 수 있어요.

❷ 수식이 설정된 데이터베이스의 빈칸을 클릭해도 수식 입력 메뉴가 나타나요.

❸ 속성 이름들을 하나씩 선택하면서 [+]로 연결합니다.

❹ 이때 수식 사이에 빈칸이나 다른 문자를 넣고 싶으면 [" "]를 넣습니다.

❺ 완성된 수식은 다음과 같습니다.

이름 +" "+":"+" "+ 구 +" "+ 동 +" "+ 상세주소

날짜 수식

날짜 수식은 특정 날짜에 대한 계산을 할 때 사용합니다. 예를 들어, 프로젝트의 시작 날짜와 종료 날짜 사이의 일수를 계산하거나, 특정 날짜가 오늘로부터 얼마나 멀리 떨어져 있는지 계산할 수 있습니다.

날짜 관련 함수	
수식 함수	설명
dateStart( )	시작 날짜
dateEnd( )	끝 날짜
now( )	현재 날짜와 시간
dateAdd( )	날짜와 시간 더하기
dateSubtract( )	날짜와 시간 빼기
dateBetween( )	날짜 사이의 차이

날짜 관련 인수	
인수	설명
years	연도
quarters	분기
months	달
weeks	주
days	일
hours	시간
minutes	분
seconds	시간
date	요일

연습 문제 1. 만 나이 계산하기

[now()] 함수를 활용해 현재와 생년월일 사이의 기간을 계산해봅시다. ["years"], ["months"], ["weeks"] 등으로 변경하면서 원하는 단위로 수식을 작성해보세요.

```
dateBetween(now(), 생년월일 ,"years")
```

田 표

─────

날짜 수식 1

Aa 이름	📅 생년월일	Σ 만나이	+	⋯
이유미	2000년 3월 31일	24		
김사랑	2001년 10월 20일			
이한나	1992년 4월 5일			
+ 새로 만들기				

Notion 수식 ⑦

dateBetween(now(), 생년월일 ,"years")

= 24

연습 문제 2. 근무 기간 (1) : 퇴사자까지 포함한 근무 기간 수식 작성하기

근무 기간을 계산하는 수식은 날짜 사이의 차이를 계산하는 [dateBetween()] 함수를 사용하면 됩니다. 시작 날짜와 종료 날짜가 있고, 그 사이의 일수를 계산하려면 아래와 같은 수식을 활용하세요.

dateBetween(종료일 , 시작일 ,"months")+"개월"

─────

날짜 수식 2

Aa 이름	📅 시작일	📅 종료일	Σ 근무 기간	+	⋯
이유미	2020년 3월 1일	2020년 12월 31일	9개월		
김사랑	2022년 2월 1일	2024년 1월 31일	23개월		
이한나	2022년 3월 1일	2023년 8…			
+ 새로 만들기					

Notion 수식 ⑦

dateBetween(종료일 , 시작일 ,"months")+"개월"

= 23개월

재직 중인 팀원만 기록한다면 종료일 대신 [now()]로 기간을 계산합니다. 또한 다음과 같은 수식으로 ["days"]로 기간을 설정하고, 365일을 12개월로 나누면 일수까지 좀 더 정확하게 계산할 수 있습니다. [round] 함수로 반올림하고, ["개월"]을 연결합니다.

```
(round((dateBetween(now(), 입사일 , "days") / (365 / 12)) * 10) / 10) + " 개월"
```

수식 앞에 ["D-"] 텍스트를 넣고, 마감일과 현재 날짜 간의 차이를 일 단위로 계산합니다.

```
"D-"+format(dateBetween( 마감일 ,now(),"days"))
```

연습 문제 5. 요일 자동 생성하기

formatDate 수식을 이용해서 요일을 생성합니다.

```
formatDate( 날짜 ,"dd")    "D-"+format(dateBetween( 마감일 ,now(),"days"))
```

if 조건문

'if'는 조건문 수식으로, 조건이 참일 때와 거짓일 때 그에 맞는 값을 결과로 나타내는 함수입니다. 가장 많이 쓰이는 함수이니 쉬운 것부터 차근차근 배워볼까요.

if(조건, 참일 때 값, 거짓일 때 값)
조건이 TRUE이면 첫 번째 값을 반환하고 그렇지 않으면 두 번째 값을 반환합니다.

조건의 참과 거짓을 판단할 때 가장 많이 사용하는 수식을 소개합니다.

if 조건문 관련 함수와 기호		
수식 함수	설명	기호
equal()	같다	==
unequal()	같지 않다	!=
larger()	크다	>
largerEq()	크거나 같다	>=
smaller()	작다	<
smallerEq()	작거나 같다	<=

`if( 완료 ," 😀GOOD!"," 💣BAD!")`

⊞ 표

습관 리스트

Aa 이름	☑ 완료	Σ 수식
독서 30분	☑	😀GOOD!
운동 30분	☐	💣BAD!

KEY POINT 수식에서는 체크박스에 체크(V)가 된 것을 '참'으로 인식합니다. 위의 수식 예시들을 아래 [수식 예시 템플릿] QR코드에서 보실 수 있습니다.

여기까지 Notion의 고급 속성인 수식을 잘 배워보셨나요? 수식은 처음엔 어렵게 느껴질 수 있지만 쉬운 것부터 하나씩 필요한 부분에 적용하다 보면 금방 익숙해질 거예요. 그리고 오른쪽 QR코드에 수식 리스트를 정리해두었습니다. 위의 네 가지 함수 이외에도 많은 수식이 있으니 QR

수식
예시 템플릿

코드에서 확인하고, 하나씩 수식을 만들어 데이터가 자동으로 생성되도록 설정해보세요. 이어서 시간을 단축하는 Notion의 자동화 기능을 배워볼게요.

03 시간을 단축하는 Notion 자동화 기능

클릭 한 번에 동시 작업, '목차'와 '버튼'

목차

문서의 가독성을 높이는 방법으로 목차를 먼저 보여주는 방법이 있는데요, Notion은 클릭 한 번으로 목차를 생성할 수 있어요.

❶ 원하는 위치에 [/목차]를 입력하면 그 페이지의 제목 블록(토글 제목 블록 포함)이 목차로 나타나요.

❷ 원하는 목차 이름을 클릭하면 해당 부분으로 이동합니다.

2024년 하반기 재직자 디지털 역량 강화를 위한 교육

2024년 하반기 재직자 디지털 역량 강화를 위한 교육

목차

    1. 개요

    2. 교육 목표

    3. 교육 내용

    4. 교육 방법

    5. 예상 결과 및 효과

    6. 결론

목차

1. 개요

본 교육은 직원들의 디지털 미래 역량을 강화하고자 기획되었습니다. 디지털 역량 강화를 통해 직원들의 업무 생산성을 향상시키는 것을 최종 목표로 하며, 이를 위해 다양한 교육 프로그램이 개발되었습니다.

2. 교육 목표

교육을 통해 직원들이 디지털 트랜스포메이션(DT)에 대한 이해를 높이고, 이를 업무에 활용하는 능력을 개발하게 합니다. 이를 통해 직원들이 디지털 기술을 활용하여 업무의 효율성을 높이고, 디지털 시

목차 자동화 예시 ▲

버튼

자주 실행하는 작업을 쉽게 반복하고 콘텐츠를 복제할 수 있도록 하는 기능이에요. 페이지 안에 나만의 템플릿을 만들어놓는다고 생각해보세요. 그럼 버튼 만드는 방법을 알아보겠습니다.

❶ [/버튼]을 입력하고 버튼 블록 클릭

❷ [새 버튼]이라고 나타나는 박스에 버튼 제목 입력

❸ [+작업 추가] 클릭

❹ 다음과 같은 작업 중 선택

- **블록 삽입 :** 버튼 위나 아래에 원하는 블록을 조합해 다양한 블록을 자동으로 생성할 수 있어요. 체크박스, 글머리 기호, 토글 목록, 표 등 페이지에서 사용할 수 있는 모든 블록을 박스에 넣을 수 있습니다.

- **페이지 추가 위치** : 원하는 데이터베이스의 페이지 속성을 편집해서 추가할 수 있어요.
- **페이지 편집 위치** : 선택한 데이터베이스의 페이지를 편집할 수 있고, 필터를 사용해 모든 페이지 또는 특정 페이지를 편집하도록 선택할 수 있어요.
- **확인 표시** : 버튼을 클릭할 때마다 작은 확인 표시창이 나타나요. 여러 사람이 사용할 때 데이터베이스가 실수로 편집되는 경우 주의를 줄 수 있습니다.
- **페이지 열기** : 버튼을 클릭하면 선택한 페이지가 열려요. 기존 페이지 또는 버튼으로 만들어진 페이지를 열 수 있습니다.

❺ 원하는 작업을 선택했다면 작업에 맞는 블록이나 데이터베이스를 추가하거나 편집하세요.

❻ [+다른 단계 추가]로 더 많은 단계를 추가할 수 있어요.

버튼 편집하는 방법

❶ 마우스 커서를 버튼 가까이 가져가면 나타나는 [버튼 편집]을 클릭하고 편집해요.

버튼 예시(페이지 열기)

페이지의 상단에 페이지 열기 버튼을 만들어 바로가기 효과로 사용한 예시입니다. 아래 버튼을 클릭하면 해당 페이지로 이동할 수 있어요. 동기화해서 페이지에 붙여넣으면 동일한 버튼을 사용할 수 있습니다.

구글 폼에 입력하면 Notion에 데이터가 쌓이는 자동화 시스템

구글 폼에 설문을 작성하면 Notion 데이터베이스에 쌓이는 '자동화 시스템'을 만들어볼게요. 이 기능을 활용하면 설문이 접수될 때마다 데이터가 Notion에 자동으로 쌓여요. 그리고 슬랙으로 바로 확인할 수 있기 때문에 업무 시간을 효과적으로 단축할 수 있습니다. '재피어'(https://zapier.com)라는 프로그램을 활용할 텐데요, 앱이 자동으로 연결되어 작동하도록 돕는 프로그램입니다. A라는 '앱'에 어떤 '조건'이 발생하면 B라는 '앱'에 '액션'을 자동으로 실행시키는 방식이에요. 이 과정을 '잽'(Zap)이라고 합니다. 예를 들어 구글 시트가 업데이트되면 메일로 알림을 보내주는 것과 같아요.

재피어 사이트 ▲

복잡해 보이지만 설명한 대로 한 번 설정해놓으면 자동으로 작업이 실행되니 꼭 활용해보시기 바랍니다.

KEY POINT 구글 폼 작성 – Notion 데이터베이스에 자동으로 입력되는 과정

❶ 구글 폼을 만들고, 예시 응답을 작성합니다.

❷ 예시 응답 데이터가 있는 스프레드시트의 제목을 찾기 쉽도록 변경합니다.

❸ Notion에 구글 폼 응답과 연결한 데이터베이스를 생성합니다.

❹ 스프레드시트와 재피어를 연결합니다.

❺ 재피어와 Notion 데이터베이스를 연결합니다.

이제 자동화하는 방법을 구체적으로 알아볼게요.

재피어로 구글 폼 데이터와 Notion 자동화 연결하기

❶ 구글 폼을 만들고 예시 응답을 작성합니다.

❷ 예시 응답 데이터가 있는 스프레드시트의 제목을 찾기 쉽도록 변경합니다.

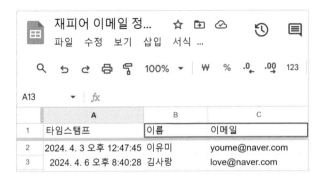

❸ Notion에 구글 폼 응답과 연결한 데이터베이스를 생성합니다.

❹ 재피어에서 스프레드시트와 Notion 데이터베이스를 연결합니다. 다음은 재피어를 '한국어로 번역하기'로 보고 작업했어요.

- 재피어에 가입합니다. 이메일이나 구글 계정으로 가입할 수 있어요.
- '무엇을 자동화하고 싶나요?' 박스에 원하는 내용(예 : 구글 시트에 데이터가 생성되면 Notion에 쌓이도록)을 넣으면 작업 단계를 추천해줍니다.
- '잽'이 생성되면 [시도해봐]를 클릭하고 순서에 따라 자동화를 연결할 수 있어요.

❺ 다음 방법을 순서대로 따라 하며 자동화를 설정해보세요.

- [1. Google Sheets의 새로운 스프레드시트 행]을 클릭

- 연결할 스프레드시트와 워크시트를 선택

- [Continue] 클릭

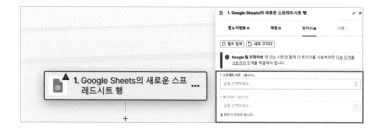

- [Test trigger]를 클릭, 연결이 맞으면 [Continue] 클릭

- **앱&이벤트 :** [2. Notion에서 데이터베이스 항목 생성]에서 [Continue] 클릭

- **계정 :** Notion 계정이 맞게 연결되어 있으면 [Continue] 클릭

- **행동 :** 연결할 데이터베이스의 제목 검색 후 선택(제목이 검색되지 않을 경우 Tip 확인)

- 데이터베이스 항목에 매칭할 시트 제목 선택

- **콘텐츠 :** 페이지 안에 들어갈 내용 입력

- **콘텐츠 형식 :** 일반 텍스트 선택

- [Continue] 클릭

연결할 데이터베이스가 자동으로 검색되지 않으면 다음과 같이 [엑세스 허용]을 설정합니다. [계정] – [⋯] – [다시 연결] – [페이지 선택] – 검색창에 데이터베이스 검색 후 클릭 – [액세스 허용]

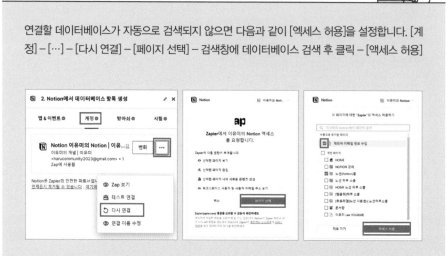

- 테스트 후 데이터가 오류 없이 잘 전송되었으면 [게시] 클릭 – Notion에서 확인

슬랙과 Notion의 통합

슬랙은 팀 커뮤니케이션을 위한 클라우드 기반 플랫폼이에요. 개인 메시지와 채널 기반의 그룹 채팅이 가능하고, 다양한 앱과 통합이 가능해서 비즈니스 커뮤니케이션 채널로 인기가 많죠.

Notion은 자동화 기능에 슬랙을 추가해서 적극적으로 연결해서 사용하고 있어요. 슬랙에서 알림을 확인하고 Notion 페이지로 바로 이동할 수 있어서 시간을 절약하고 중요한 작업에 집중할 수 있어요. Notion의 자동화 기능으로 새 데이터가 생성되면 슬랙에 자동 알림이 오도록 설정하는 방법을 배워볼게요.

앞의 '재피어 이메일 정보 수집'에 새로운 데이터가 생성되면 슬랙으로 알림이 오도록 할 수 있어요. 이렇게 연결되면 결론적으로 새로 구글 설문을 작성할 때마다 슬랙으로 바로 알림을 받을 수 있게 됩니다.

슬랙 자동 알림 설정하기

❶ 데이터베이스의 […] 클릭 – [자동화] 클릭

❷ 자동화 이름 설정

❸ [+조건 추가]에 [페이지 추가] 선택

❹ [+작업 추가]에 [Slack 알림을 보낼 사람] 선택 – [Slack 채널 선택] – [생성]

자동화 이름 설정 예시 ▲

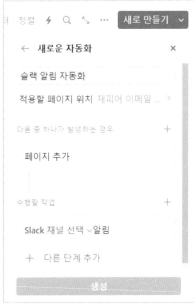

[+조건 추가]와 [+작업 추가] 예시 ▲

이제 자동화가 모두 설정되었습니다.

누군가 구글 폼을 작성하면 Notion 데이터베이스에 데이터가 자동 입력되고, 슬랙으로 다음과 같이 알림이 옵니다. [Open in Notion]을 클릭하면 Notion에서 해당 페이지가 열립니다.

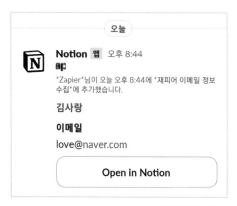

슬랙 알림 메시지 ▲

일잘러의 꿀팁 06

자동화로 생산성을 향상시키는
크롬 확장 프로그램

크롬 웹스토어(https://chromewebstore.google.com)에는 Notion의 생산성을 높여주는 확장 프로그램들이 있어요. 그중에서 특히 유용한 확장 프로그램 세 가지를 추천합니다.

Notion에 필수인 크롬 확장 프로그램 BEST 3

세이브 투 노션(Save to Notion)

웹페이지의 내용을 Notion에 빠르게 저장할 수 있는 프로그램입니다. 웹클리퍼와 비슷한 기능이지만 속성까지 선택해서 가져올 수 있다는 게 특징이에요.

노션 부스트(Notion Boost)

개요 보기, 톱 버튼 등 Notion의 유용한 기능 20가지를 제공하는 확장 프로그램이에요. 특히 개요 보기는 목차를 만들 필요 없이 사이드에서 항상 목차를 보여주기 때문에 개요 파악이 쉽고 원하는 위치로 빠르게 이동할 수 있습니다.

챗GPT 투 노션(ChatGPT to Notion)

챗GPT의 대화 내용을 클릭 한 번으로 Notion 페이지로 옮겨올 수 있는 확장 프로그램이에요. 대화 내용을 바로 Notion에 저장할 수 있기 때문에 Notion과 연동해서 사용하기 편하고, 원하는 내용을 빠르게 검색할 수 있습니다.

Notion AI로
10배 쉽게
글쓰기

01 Notion AI 알아보기

Notion AI란?

Notion AI는 Notion 내에서 사용할 수 있는 통합된 AI 프로그램이에요. 일상 업무의 효율을 혁신적으로 높여줄 수 있는 기능 모음입니다.

Notion AI의 장점

AI 기반 툴은 Notion 외에도 많죠. 그렇다면 Notion AI만의 장점은 무엇일까요?

첫째, AI 기능을 사용할 때는 기존 업무 흐름에 자연스럽게 통합될 수 있는가가 중요합니다. 기존에 메모와 문서를 보관하고 협업하던 방식이 있으니까요. Notion AI는 다른 AI 툴 사이를 번거롭게 왔다갔다 할 필요 없이 Notion 안에서 바로 사용할 수 있어 통합된 환경을 제공합니다.

둘째, 암호화 및 보안 기술을 사용하여 사용자의 데이터 보안을 유지하며, 자연어 처리 기술을 사용하여 복잡한 질문에도 잘 대답합니다.

셋째, Notion AI 커스텀 블록을 이용해 사용자의 명령에 따라 특정 작업이나 반복 작업을 자동화할 수 있습니다.

넷째, 표 자동 채우기 기능으로 복잡한 데이터를 몇 초 만에 깔끔하고 유용한 데이터로 바꿔줍니다.

다섯째, Notion AI Q&A로 필요한 정보를 빠르게 찾을 수 있습니다.

요금제

멤버당 월 10달러이고, 연간 결제 시 20퍼센트가 할인됩니다. 다만, 게스트는 사용할 수 없어요.

Notion AI 시작하는 방법

Notion AI를 시작하는 방법은 아주 간단합니다. 원하는 위치에서 [Space]를 누르면 AI 메뉴박스가 나타납니다. 이제 본격적으로 Notion AI의 기능을 살펴볼게요.

02 | Notion AI로 글쓰기

Notion AI는 크게 다음의 다섯 가지 글쓰기 기능이 있어요. 새 페이지를 시작할 때 AI로 초안을 작성할 수도 있고, 특정 부분을 선택하면 선택 부분을 Notion AI로 글쓰기할 수도 있어요. 하나씩 자세히 살펴보고, 예시로 사용법을 경험해보겠습니다.

Notion AI의 글쓰기 기능	
카테고리	세부 기능
AI로 글쓰기	페이지 제목으로 글쓰기
AI로 초안 작성하기	SNS 게시물, 보도 자료, 장단점, 이메일 등
생성하기	요약, 액션 아이템, 번역, 설명
편집 또는 검토하기	글 업그레이드, 철자와 문법, 늘려 쓰기, 이어 쓰기, 어조 변경
AI 블록 삽입하기	커스텀 AI 블록

AI로 글쓰기

❶ 새 페이지를 시작할 때 [Space]를 누르면 [AI로 글쓰기] 창이 열리고, 스크롤을 아래로 내리면 여러 옵션이 나타납니다. 다음과 같은 옵션을 사용할 수 있어요.

- 아이디어 브레인스토밍
- 개요
- SNS 게시물
- 보도 자료
- 독창적인 이야기 등

❷ 옵션을 선택하고 프롬프트를 작성한 후 [Enter]를 누르면 내용이 나타나요.

❸ 페이지 제목을 입력하고 [AI로 글쓰기]를 누르면 AI 프롬프트 바가 나타납니다. [Enter]를 누르면 페이지의 제목으로 글이 작성됩니다.

❹ 이후 이어 쓰기, 늘려 쓰기 등 다른 AI 작업으로 이어갈 수 있어요.

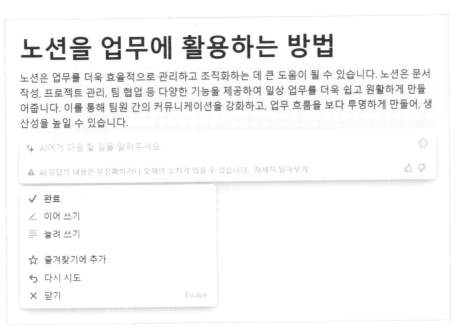

노션을 업무에 활용하는 방법

노션은 업무를 더욱 효율적으로 관리하고 조직화하는 데 큰 도움이 될 수 있습니다. 노션은 문서 작성, 프로젝트 관리, 팀 협업 등 다양한 기능을 제공하여 일상 업무를 더욱 쉽고 원활하게 만들어줍니다. 이를 통해 팀원 간의 커뮤니케이션을 강화하고, 업무 흐름을 보다 투명하게 만들어, 생산성을 높일 수 있습니다.

✦ AI에게 다음 할 일을 알려주세요.

⚠ AI 응답의 내용은 부정확하거나 오해의 소지가 있을 수 있습니다. 자세히 알아보기   👍 👎

✓ 완료
∠ 이어 쓰기
≡ 늘려 쓰기

☆ 즐겨찾기에 추가
↩ 다시 시도
✕ 닫기   Escape

AI로 글쓰기 예시 ▲

AI로 초안 작성하기 : SNS 게시물, 보도 자료, 장·단점, 이메일 등

새 페이지에 [Space]를 누르면 [AI로 초안 작성] 메뉴에 다음과 같은 옵션이 나타납니다. 옵션을 선택하고 [Enter]를 누르세요.

완료 후 추가 프롬프트를 통해 후속 작업을 요청하거나 이어 쓰기, 늘려 쓰기 등을 클릭해 새로운 내용을 생성할 수도 있습니다.

AI로 초안 작성 옵션 ▲

초안 작성 예시 : 아이디어 브레인스토밍

❶ [Space]를 누르고 [아이디어 브레인스토밍]을 선택합니다. 프롬프트를 작성합니다.

예) '아이디어 브레인스토밍 주제 노션을 업무에 활용하는 방법 5가지'

노션을 업무에 활용하는 방법

🔗 URL   비어 있음

⌄ 속성 3개 추가

✦ 아이디어 브레인스토밍 주제 노션을 업무에 활용하는 방법 5가

❷ AI로 텍스트가 생성됩니다.

노션을 업무에 활용하는 방법

∨ 속성 4개 추가

- {노션을 이용한 팀 프로젝트 관리}
- {노션을 활용한 업무 일정 관리}
- {노션을 이용한 회의록 작성 및 공유}
- {노션을 통한 업무 흐름 추적}
- {노션을 활용한 업무 보고서 작성}

노션을 업무에 활용하는 방법 5가지

1. **노션을 이용한 팀 프로젝트 관리**: 팀 프로젝트를 관리하는데 필요한 모든 정보를 한 곳에서 쉽게 찾을 수 있게 해줍니다. 각 팀원의 역할, 프로젝트의 진행 상황, 마감일 등을 효과적으로 관리할 수 있습니다.
2. **노션을 활용한 업무 일정 관리**: 개인적인 일정부터 팀 일정까지 모두 관리 가능합니다. 일정을 공유하거나 알림을 설정하여 팀원들이 일정을 쉽게 확인하고 준수할 수 있게 해줍니다.
3. **노션을 이용한 회의록 작성 및 공유**: 회의록을 쉽게 작성하고 공유할 수 있어, 모든 팀원이 회의 내용을 쉽게 확인하고 이해할 수 있게 해줍니다.
4. **노션을 통한 업무 흐름 추적**: 업무의 상태와 진행 상황을 실시간으로 확인할 수 있어, 업무의 흐름을 쉽게 파악하고 관리할 수 있게 해줍니다.
5. **노션을 활용한 업무 보고서 작성**: 업무 보고서를 쉽게 작성하고 공유할 수 있어, 보고서 작성에 드는 시간을 줄이고 효율성을 높일 수 있습니다.

❸ '늘려 쓰기' 옵션을 적용해봅니다.

- AI로 작성된 글에서 원하는 부분 드래그 – 메뉴 표시줄에서 [AI에게 요청] – [선택 부분 편집 또는 검토]에서 – [늘려 쓰기] 옵션 선택

생성하기 : 요약, 액션 아이템, 번역, 설명

페이지에서 생성

페이지를 작성하고 [Space]를 누르면 다음과 같은 작업을 할 수 있어요. 페이지 전체의 요약, 액션 아이템 찾기, 번역을 쉽게 해보세요.

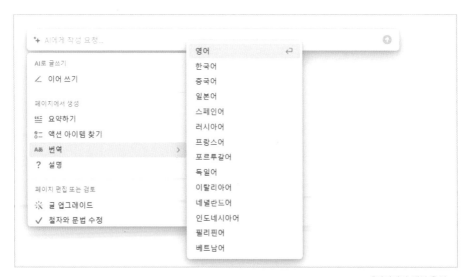

페이지에서 생성 옵션 ▲

일부 텍스트만 선택해서 추가 콘텐츠를 생성할 수도 있어요. 복잡한 메모 정리, 번역, 설명까지 AI에게 맡겨보세요. 방법은 다음과 같습니다.

선택 부분에서 생성

❶ 페이지에서 원하는 텍스트를 드래그해서 선택합니다.

❷ 메뉴 표시줄에서 [AI에게 요청] 클릭 – [선택 부분에서 생성]에서 옵션을 선택하세요.

❸ 페이지에 내용이 나타나기 시작합니다.

5. **노션을 활용한 업무 보고서 작성:** 업무 보고서를 쉽게 작성하고 공유할 수 있어, 보고서 작성에 드는 시간을 줄이고 효율성을 높일 수 있습니다.

✨ AI에게 작성 또는 편집 요청

선택 부분에서 생성

≡ 요약하기

A あ 번역   〉

? 설명

편집 또는 검토 : 글 업그레이드, 철자와 문법, 줄여 쓰기, 늘려 쓰기, 어조 변경

오타를 수정하거나 글을 심플하게 다듬으면 빠르게 글을 개선할 수 있습니다. 다음과 같은 방법으로 글쓰기를 업그레이드해보세요.

'늘려 쓰기'와 '어조 변경' 옵션 적용 예시

❶ 페이지에서 원하는 텍스트를 드래그해서 선택합니다.

❷ 메뉴 표시줄에서 [AI에게 요청] 클릭 – [페이지 편집 또는 검토]에서 [어조 변경] 하위 옵션 중 하나를 선택합니다.

❸ 아래는 앞에서 AI로 생성한 글('노션을 업무에 활용하는 방법 5가지') 중 5번을 선택해서 '늘려 쓰기' 한 후, '어조 변경 : 친근하게'를 반영한 글입니다.

---

5. **노션을 활용한 업무 보고서 작성**: 업무 보고서를 쉽게 작성하고 공유할 수 있어, 보고서 작성에 드는 시간을 줄이고 효율성을 높일 수 있습니다.

노션AI - 늘려쓰기
노션을 활용한 업무 보고서 작성: 노션은 사용자 친화적인 인터페이스와 다양한 템플릿을 제공하여 업무 보고서를 더욱 쉽게 작성할 수 있게 해줍니다. 이를 통해 보고서 작성에 소요되는 시간을 크게 줄일 수 있으며, 결과적으로 업무 효율성을 상당히 높일 수 있습니다. 또한, 노션은 실시간으로 공유와 업데이트가 가능하므로, 팀원들과의 소통도 원활해집니다. 이 모든 점들은 노션을 활용한 업무 보고서 작성이 매우 유용하다는 것을 보여줍니다.

노션AI - 어조 변경 : 친근하게
노션을 활용한 업무 보고서 작성: 노션은 친근한 인터페이스와 다양한 템플릿을 제공하여 업무 보고서를 더 쉽고 편하게 작성할 수 있게 도와줍니다. 이를 통해 보고서 작성에 필요한 시간을 크게 단축시키고, 업무 효율성을 향상시킬 수 있습니다. 노션은 실시간 공유와 업데이트가 가능해서 팀원들과의 소통도 원활합니다. 이 모든 장점들로 인해, 노션을 활용한 업무 보고서 작성은 정말 유용하답니다.

AI 블록 삽입하기 : 커스텀 AI 블록

Notion AI는 원하는 페이지에 AI 블록을 추가할 수 있습니다. AI 블록을 추가한 후 [생성]을 클릭하면 그 페이지의 요약, 액션 아이템, 커스텀 AI 블록을 반복적으로 생성, 업그레이드할 수 있어요.

또한 반복되는 프롬프트는 [커스텀 AI 블록]에 입력한 후 자동으로 반복 생성을 할 수 있습니다.

AI 블록 삽입하는 방법
❶ [Space]를 클릭하고 AI 메뉴가 나타나면 [블록]이라고 입력합니다.
❷ [커스텀 AI 블록]을 클릭합니다.

❸ 다음과 같은 AI 박스가 나타납니다.

❹ [요약하기] 또는 [액션 아이템 찾기]를 클릭하거나 원하는 프롬프트를 입력한 후 [생성]을 클릭합니다.

❺ 해당 페이지의 요약, 액션 아이템이나 프롬프트에 따른 내용이 자동 생성됩니다.

AI 블록 삽입 예시 : 액션 아이템

AI 프롬프트를 활용해 정확도를 높이기 위한 노하우

프롬프트를 작성하기 전에 AI 글을 생성할 페이지에 다음의 10가지 조건 중 원하는 정보를 입력하세요. 구체적으로 입력한 후 [커스텀 AI 블록]에 원하는 작업을 적어보세요. AI 생성 템플릿이 됩니다.

KEY POINT AI 정확도를 높이기 위한 사전 조건 10가지

❶ '5W1H' 원칙을 참조하여 구체적으로 작성하기 : '5W1H'는 누가(Who), 언제(When), 어디서 (Where), 왜(Why), 무엇을(What), 어떻게(How) 또는 얼마나(How much)의 줄임말입니다. 이를 참고하여 상황을 구체적으로 설명하면 프롬프트의 정확도를 높일 수 있습니다.

❷ 나의 역할(소속, 이름, 직급 등) : 작성하는 사람의 역할을 명확하게 기입합니다.

❸ 대상 독자(소속, 이름, 직업, 직급 등) : 생성된 글을 읽을 대상 독자를 구체적이고 명확하게 작성합니다.

❹ 주제는 구체적으로(상황 설명, 주세 명확히) : 글의 주제를 구체적으로 작성하고, 상황을 명확히 설명합니다.

❺ 핵심 내용 : 글의 핵심 내용을 뚜렷하게 작성하면 핵심 내용과 관련된 중요한 정보를 보다 구체적으로 생성해서 제시해줍니다.

❻ 키워드 작성 : 글의 내용에 나오기 원하는 중요한 키워드를 작성하면 관련 키워드에 초점을 맞춰 글이 생성됩니다.

❼ 어조 : 어조에 따라 문맥이 다양하게 나타납니다. 독자에 맞는 어조를 설정해서 넣어보세요.

❽ 요청 항목의 개수 명시(문장 개수, 항목 개수, 표의 길이, PPT 페이지 등) : 요청 항목의 개수, 페이지 수 등을 명시하면 보다 정확한 양의 정보를 받을 수 있어요.

❾ 양식(기획안, 보고서, 프레젠테이션, SNS 글쓰기 등) : 양식은 프롬프트의 구조와 형식을 결정하는 중요한 요소예요.

❿ 이미 언급한 조건들을 반복하지 않기 : 이 내용을 넣으면 조건에서 나열한 텍스트를 반복하지 않고 매끄럽게 작성해줍니다.

위의 10가지를 다 쓸 필요는 없습니다. 보다 정확도를 높이고 구체적인 정보를 얻기 위해 꼭 필요한 내용을 조건으로 작성한 후 AI에게 요청해보세요.

예) 6개의 항목을 넣고, [커스텀 AI 블록]에 구체적인 프롬프트 입력

나의 역할 : 프로젝트 매니저
대상 독자 : 프로젝트 승인 상사
핵심 내용 : 디지털 전환 교육을 위한 2024년 상반기 프로젝트 기획
어조 : 격식 있게
항목 : 5페이지
양식 : 기획서

✦ 위의 내용으로 보고서를 작성해주세요. 형식은 기획서 형식, 시작에 목차와 개요를 넣   생성
어주세요. 이미 언급한 요청 조건들을 반복하지 말아주세요.

목차

1. 프로젝트 개요
2. 프로젝트 목표
3. 프로젝트 구현 계획
4. 예상되는 결과
5. 요약 및 결론

프로젝트 개요

디지털 전환 교육을 위한 2024년 상반기 프로젝트의 기획서입니다. 이 프로젝트는 회사의 디지털 전환을 가속화하고, 직원들의 디지털 역량을 향상시키는 것을 목표로 합니다.

프로젝트 목표

이 프로젝트의 주요 목표는 다음과 같습니다:

- 디지털 기술에 대한 이해 향상
- 디지털 도구 활용 능력 향상
- 디지털 전환에 대한 긍정적인 인식 조성

프로젝트 구현 계획

이 프로젝트는 다음의 단계로 구현될 예정입니다:

- 디지털 전환 교육 커리큘럼 개발
- 전문 강사 및 교육자료 확보
- 교육 일정 및 참가자 선정
- 교육 진행 및 피드백 수집

예상되는 결과

이 프로젝트를 통해 다음과 같은 결과를 기대합니다:

- 직원들의 디지털 역량 향상
- 디지털 전환에 대한 긍정적 인식 증가
- 디지털 기술 활용으로 인한 업무 효율성 향상

요약 및 결론

이 기획서는 디지털 전환 교육을 위한 2024년 상반기 프로젝트에 대한 개요, 목표, 구현 계획, 예상되는 결과를 정리하였습니다. 향후 이 프로젝트가 회사의 디지털 전환을 가속화하는데 기여하고, 직원들의 디지털 역량을 향상시키는 데 도움이 되기를 기대합니다.

사례 : 대화형 Notion AI '다이어트 앱 출시 이벤트' 랜딩 페이지 제작하기

Notion AI로도 챗GPT와 같이 대화의 흐름을 만들며 자유롭게 생성할 수 있어요. 다음 예시는 제가 실제로 Notion AI와 주고받으며 아이디어부터 랜딩 페이지까지 생성한 사례입니다.

랜딩 페이지를 만드는 전략부터 공모전을 위한 기획서, 소개글과 제목까지 구체적인 정보를 제공하며 요청했어요. 그랬더니 마지막 랜딩 페이지에 제목부터 항목까지 원하던 결과물을 내놓았습니다.

물론, 한 번에 원하는 대답이 나오기는 어려워요. 그렇지만 이렇게 꼬리에 꼬리를 물며 구체적으로 대화를 한 후 결과물(보고서, 기획서, 제안서, 랜딩 페이지 등)을 요청하면 실현 가능하고 구체적인 대안을 찾을 수 있습니다.

프롬프트 1 : 특별한 랜딩 페이지를 만들기 위해 해야 할 과정과 들어갈 항목 순서로 나열해 주세요.

❶ 시장조사 : 경쟁사의 랜딩 페이지를 분석하고 고객의 관심사를 파악합니다.

❷ 스토리텔링 : 랜딩 페이지에 담을 내용을 스토리로 구성합니다. 이를 통해 고객이 관심을 갖고 페이지를 끝까지 보게 만듭니다.

❸ 디자인 : 사용자 경험을 강화하는 디자인 요소를 활용합니다. 그래픽, 색상, 폰트 등이 여기에 해당됩니다.

❹ CTA(Call to Action) 설정 : 고객이 원하는 행동을 유도하는 CTA를 설정합니다. 이는 구매, 문의, 가입 등의 행동을 유발할 수 있습니다.

❺ 테스트 및 최적화 : 랜딩 페이지의 효과를 테스트하고, 결과를 바탕으로 페이지를 개선하는 과정을 반복합니다.

❻ 추적 및 분석 : 방문자의 행동을 추적하고 분석하여 더 효과적인 랜딩 페이지를 만드는 데 활용합니다.

저는 CTA가 새롭기도 하고 방법이 궁금해서 구체적인 사례를 물었습니다.

프롬프트 2 : 행동을 유도하는 CTA 구체적인 사례 5개

❶ 지금 구매하기 : 상품이나 서비스를 즉시 구매하도록 고객을 유도합니다.

❷ 무료 체험 시작하기 : 고객이 서비스를 무료로 체험해볼 수 있도록 유도합니다.

❸ 더 알아보기 : 고객이 추가 정보를 얻을 수 있도록 유도합니다.

❹ 뉴스레터 구독하기 : 고객이 뉴스레터를 구독하도록 유도합니다.

❺ 문의하기 : 고객이 직접 연락하여 추가 정보를 요청하도록 유도합니다.

그다음, 랜딩 페이지를 만들 주제를 찾아봤어요. '새로운 상품을 홍보하기 위한 이벤트 아이디어'를 요청했습니다.

프롬프트 3 : 새로운 다이어트 앱 상품 출시 전에 상품을 브랜딩할 수 있는 이벤트를 기획하려고 합니다. 좋은 아이디어 있으면 추천해주세요.

❶ 건강한 나를 위한 챌린지 : 이벤트 기간 동안 일정량의 운동을 완료하거나, 건강한 식단을 공유하는 등의 챌린지를 진행합니다. 참가자들 중 목표를 달성한 사람들에게는 앱 사용권을 제공합니다.

❷ 다이어트 성공 스토리 공유 : 사용자들이 직접 자신의 다이어트 성공 스토리를 공유하고, 이를 통해 상품의 효과를 홍보합니다. 좋은 스토리를 공유한 사람들에게는 상품을 무료로 제공합니다.

❸ 다이어트 레시피 공모전 : 건강한 다이어트 레시피를 공모하여 앱 내에 그 레시피들을 제공합니다. 우수 레시피를 제공한 사람들에게는 상품을 무료로 제공합니다.

Notion AI가 제안한 아이디어 중에서 3번 '다이어트 레시피 공모전'이 마음에 들어 랜딩 페이지 항목을 요청했어요.

프롬프트 4 : 다이어트 레시피 공모전을 위한 랜딩 페이지를 제작할 때 들어가야 할 항목을 정리해주세요.

❶ 공모전 소개 : 이벤트의 목적과 다이어트 앱에 대한 간략한 설명

❷ 참가 방법 : 레시피 제출 방법, 마감일, 참가 요건 등

❸ 상품 정보 : 우승자에게 주어질 상품의 상세 정보

❹ CTA(Call to Action) : 레시피 제출 페이지로 이동하는 버튼 등

❺ FAQ(자주 묻는 질문) : 참가자들이 자주 묻는 질문과 그에 대한 답변

❻ 이벤트 연락처 : 추가 질문을 위한 연락처 정보

가장 처음 항목으로 공모전 소개가 있네요. 소개글도 요청해봅니다.

프롬프트 5 : 다이어트 공모전 이벤트에 많이 참여할 수 있는 소개글을 작성해주세요.

당신의 건강한 다이어트 레시피가 대한민국을 바꿀 수 있습니다! 우리의 새로운 다이어트 앱을 위한 레시피 공모전에 참여하시고, 건강한 삶을 위한 첫걸음을 내디뎌보세요. 손에 잡히는 재료로 만든 실용적이면서도 맛있는 레시피를 공유하시면, 당신의 레시피가 앱에 올라가게 됩니다. 또한 우승자에게는 특별한 상품도 준비되어 있습니다. 건강하게 살기 위한 당신의 노하우를 다른 이들과 나누고, 함께 성장하는 다이어트 커뮤니티의 일원이 되어보세요!

랜딩 페이지를 만들려고 살펴보니 가장 중요한 제목이 없어요. 위의 내용을 바탕으로 이벤트 제목을 요청합니다.

프롬프트 6 : 위의 내용을 바탕으로 다이어트 공모전 이벤트 제목을 5개 추천해주세요.

❶ 당신이 바꾸는 건강한 레시피 공모전

❷ 다이어트의 새로운 시작, 건강한 레시피 공모전

❸ 함께 만드는 다이어트 앱 레시피 공모전

❹ 건강을 위한 첫걸음, 나만의 레시피 공모전

❺ 다이어트의 새로운 도전, 맛있는 레시피 공모전

랜딩 페이지를 잘 만드는 전략이 궁금했어요. 잘 만든 랜딩 페이지는 가독성이 좋아서 참여율을 높인다고 생각했고, 그러한 전략을 요청했습니다.

프롬프트 7 : 참여율을 높이는 가독성 있는 이벤트 랜딩 페이지를 만들기 위한 전략 3개를 소개해주세요.

❶ 직관적인 디자인 : 이벤트의 주요 내용을 한눈에 알아볼 수 있도록 디자인을 직관적으로 구성합니다. 이는 방문자가 사이트를 둘러보는 데 필요한 시간을 최소화하고, 이벤트 참여를 유도하는 데 도움이 됩니다.

❷ 명확한 CTA(Call to Action) : 참가자들이 어떤 행동을 취해야 하는지 명확하게 안내합니다. 이는 참가자들이 이벤트에 쉽게 참여할 수 있도록 도와줍니다.

❸ 소셜미디어와의 연계 : 이벤트 참여를 독려하기 위해 소셜미디어 공유 기능을 추가합니다. 이는 참가자들이 자신의 소셜미디어 계정을 통해 이벤트를 공유하고, 더 많은 사람들이 이벤트를 알게 되도록 도와줍니다.

이제 랜딩 페이지를 요청해볼게요. 생성한 내용을 기반으로 랜딩 페이지를 만들어달라고 요청하니 원하는 항목을 넣어 가독성 있는 페이지를 만들었습니다.

- 위의 내용을 기반으로 재미있는 랜딩페이지를 만들어주세요.

"당신의 레시피가 세상을 바꿉니다!" 다이어트 레시피 공모전

당신의 건강한 다이어트 레시피가 대한민국을 바꿀 수 있습니다! 우리의 새로운 다이어트 앱을 위한 레시피 공모전에 참여하시고, 건강한 삶을 위한 첫걸음을 내딛어 보세요. 손에 잡히는 재료로 만든 실용적이면서도 맛있는 레시피를 공유하시면, 당신의 레시피가 앱에 올라가게 됩니다. 또한, 우승자에게는 특별한 상품도 준비되어 있습니다. 건강하게 살기 위한 당신의 노하우를 나누고, 함께 성장하는 다이어트 커뮤니티의 일원이 되어보세요!

- [참여 방법]
1. 레시피와 그에 대한 간략한 설명을 작성합니다.
2. 레시피 제출 페이지에서 작성한 레시피를 제출합니다.
3. 마감일은 2024년 8월 31일까지입니다.

- [상품 정보]
   우승자에게는 새로운 다이어트 앱 1년 이용권을 제공합니다.

- [자주 묻는 질문]
   Q: 참가에 비용이 드나요?
   A: 아니요, 참가는 무료입니다.

Q: 레시피 제출 횟수에 제한이 있나요?
A: 아니요, 원하는 만큼 여러 레시피를 제출하실 수 있습니다.

- [이벤트 연락처]
   문의 사항이 있으시면 이메일(info@dietapp.com)로 연락주세요.

::: 👉

지금 바로 참여하려면 여기를 클릭하세요!

완성된 랜딩 페이지 ▲

이 내용을 기반으로 관련 이미지와 영상을 넣고 글을 보충하고, 구체적인 사례까지 넣으면 훌륭한 랜딩 페이지가 완성될 것 같아요.

Notion AI가 모든 것을 해주지는 않습니다. 하지만 혼자서 생각하고 있던 문제에 대해 구체적인 요청을 함으로써 항목, 전략, 아이디어를 얻을 수 있고, 새로운 관점으로 주제에 접근할 수 있도록 시야를 넓혀주는 효과가 있습니다. 또한 전문 분야가 아닌 부분은 전문가의 관점으로 방법을 제시해주기 때문에 다양한 분야의 전문가와 협업하는 효과를 볼 수 있어요.

03 Notion AI로 데이터베이스 자동 채우기

데이터베이스 속성에서 AI를 활용해 요약 정리를 생성하고 관련 작업을 생성하는 등 다양한 작업으로 자동 채우기를 할 수 있습니다.

텍스트 속성

❶ 데이터베이스의 오른쪽 상단에 있는 [+]를 클릭해서 새로운 속성 생성

❷ [텍스트] 선택 후 [AI로 채우기] 선택

❸ 다음 프롬프트 중 선택

- **AI 요약** : 페이지의 콘텐츠를 요약해요.
- **AI 주요 정보** : 페이지 안에 언급된 사용자 등 핵심 정보를 파악해요.
- **사용자 지정 자동 채우기** : 커스텀 프롬프트를 입력할 수 있어요.

- **AI 번역 :** 다른 언어로 번역해줍니다.

Notion AI 자동 채우기 예시 ▲

선택과 다중 선택 속성

AI 자동 채우기를 사용해 데이터베이스의 항목에 특정 카테고리나 키워드를 할당할 수 있습니다. 예를 들어, AI로 쇼핑 아이템의 카테고리를 식료품, 생활용품 등으로 분류할 수 있습니다.

❶ 데이터베이스의 오른쪽 상단에 있는 [+]를 클릭하여 새로운 속성을 추가

❷ 선택 또는 다중 선택 속성을 추가한 다음 [AI 자동 채우기] 활성화

- 페이지 편집 시 자동 업데이트 : 페이지가 변경된 후 5분 후에 업데이트됩니다. 또한 값 위로 마우스를 가져가면 표시되는 지팡이 아이콘을 클릭해 AI 기능을 수동으로 실행하거나 업데이트할 수도 있습니다.
- 모든 페이지 업데이트 : 데이터베이스의 모든 페이지를 수동으로 한번에 업데이트할 수 있어요.

278

데이터베이스 템플릿에 자동 채우기로 업무를 자동화하는 방법

데이터베이스 템플릿은 반복되는 서식을 템플릿화해서 빠르게 서식을 생성하는 기능이에요. 그 템플릿에 Notion AI 블록을 넣으면 서식과 함께 다양한 작업을 동시에 수행할 수 있습니다.

예) 회의록 서식에 Notion AI 요약과 액션 아이템 블록 넣기

다음과 같이 회의록 템플릿에 Notion AI 블록 [요약]과 [액션 아이템]을 넣으면, 회의록 작성 후 [생성]을 눌렀을 때 바로 작업이 실행됩니다.

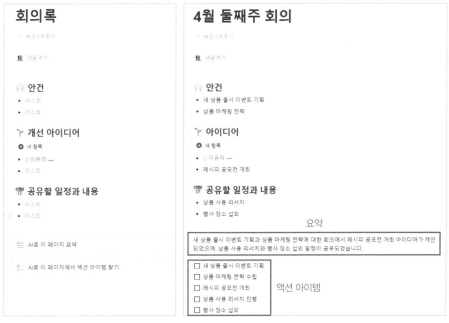

Notion AI 자동 채우기 템플릿 예시 ▲   Notion AI 자동 채우기 실행 예시 ▲

CHAPTER 6

감각적인
스마트 워커를 위한
Notion 포트폴리오

01 Notion 포트폴리오의 장·단점

채용 트렌드와 Notion 포트폴리오

지난 2022년 '탈잉'에서 '키워드로 본 채용 트렌드' 분석 결과를 공개했습니다. 그런데 최근 채용 트렌드의 변화 추이를 보면 눈에 띄는 변화 중 하나가 포트폴리오 경력기술서의 검색이 높아졌다는 점입니다.

그에 따라 편리하고 창의적인 포트폴리오 제작이 가능한 Notion의 인기도 높아지면서 검색어가 다섯 배 증가한 것을 볼 수 있습니다. 강의 주제에서도 Notion 포트폴리오는 인기 주제가 되었죠. 청년센터, 취창업센터에서 대학생, 취업 준비생을 대상으로 다수의 강의를 진행하면서 Notion 포트폴리오가 인기인 이유를 알 수 있었어요.

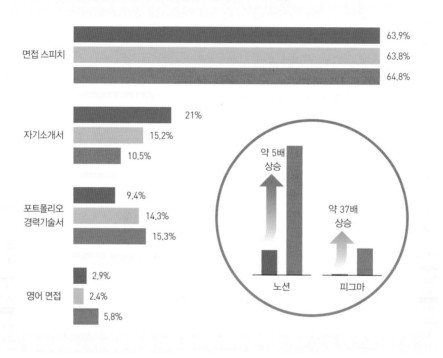

■ 2019 ■ 2020 ■ 2021

최근 3년간 채용 관련 검색어 변화 추이(2019~2021년)

출처 : 〈서울경제〉, 2022.03.24

Notion은 포트폴리오뿐 아니라 각 회사의 채용 스케줄을 한번에 관리할 수 있고, 참고 링크나 자기소개서, 면접 준비 자료까지 정리할 수 있어서 취업 준비를 체계적으로 하는 데 도움이 됩니다.

이번 장에서는 Notion 포트폴리오의 구성과 제작 방법, 디자인 감각을 높여주는 사이트 까지 소개해보겠습니다.

포트폴리오의 종류와 장·단점

포트폴리오의 종류에는 문서형 이력서, 디자인 포트폴리오 그리고 Notion 포트폴리오 등이 있으며 각각의 장·단점이 있습니다.

	문서형 이력서	디자인 포트폴리오(PPT)	Notion 포트폴리오
종류			
장점	• 전통적이고 보편적으로 많이 사용 • 직접 인쇄하여 제출하거나 이메일로 첨부 가능	• 시각적인 디자인과 다양한 레이아웃 활용 가능 • 이미지, 그래프, 차트 등을 삽입하여 정보를 시각화하고 강조함	• 클라우드 기반으로 작업하며, 언제 어디서나 접근 가능 • 다양한 블록 요소 활용이 가능하며 링크로 쉽게 공유 • 감각 있는 웹사이트 형식의 포트폴리오 제작 • 다양한 형태의 커리어(영상, 이미지, 플랫폼 링크 등 입체적인 시각 효과)에 활용
단점	• 정보의 업데이트나 수정이 어려움 • 여러 곳에 복사해야 하므로 관리가 번거로움 • 평면적 • 제한된 공간 때문에 자세한 내용을 표현하기 어려움	• 파일 크기가 크고, 다른 사람들과 공유할 때 레이아웃이 깨질 수 있음 • 파워포인트를 제대로 활용하지 못하면 디자인이 복잡하고 지저분해질 수 있음	• 인터넷 연결이 필요하고, 사용법을 익히는 데 시간이 걸림 • 전통적인 이력서나 포트폴리오 형식을 원하는 채용 담당자에게는 낯설 수 있음

Notion 포트폴리오의 단점을 극복하고 효과적으로 활용하는 방법

이력서에 Notion 포트폴리오 QR코드 넣기

Notion 포트폴리오는 입체적인 커리어를 보여줄 수 있는 강력한 도구입니다. 그러나 채용 이력서는 대부분 정해진 양식이 있거나 파일(한글, PDF 등) 형식으로 제출해야 하는 경우가 많습니다.

이럴 때 Notion 포트폴리오 QR코드를 양식에 넣어보세요. 인사 담당자가 호기심을 갖고 QR코드에 연결하는 순간 나타나는 Notion 포트폴리오 세상에서 차별화된 당신을 어필할 수 있습니다.

저는 이력서는 최대한 심플하게 만들고, 하단에 아래와 같은 문구와 QR코드를 넣습니다. 지금 이 책을 보고 있는 당신은 옆에 있는 스마트폰으로 QR코드를 열어보셨나요? 호기심이 생겨서라도 눌러보지 않을까요?

- **QR코드 만드는 사이트 :** 네이버 QR코드(https://qr.naver.com)

Notion 포트폴리오에 PDF 이력서(다운로드 가능) 넣기

문서형 이력서가 필요한 담당자를 위해 다운로드할 수 있는 PDF 이력서를 넣어주세요.

📎 이유미 이력서 다운로드.pdf 186.0KB

02 Notion 포트폴리오 자료 모으기

Notion 포트폴리오는 다음과 같은 구성 요소를 기본으로 합니다. 구성을 자유롭게 해 자신의 강점을 나타낼 수 있습니다.

구성 요소	내용	Tip	Notion 추천 기능
아이콘과 커버	브랜드 이미지, 퍼스널 컬러, 로고	통일된 컬러 사용하기 한눈에 보이도록	
자기소개	이름, 사진, 한 줄 소개, 직업, 연락처, SNS 채널, PDF 이력서	강력하고 심플한 한 줄 소개 다운로드 가능한 PDF 이력서 첨부	콜아웃 박스, 동영상 임베드, 링크
자격/경력/ 핵심역량	교육, 언어, 자격, 수상과 성과, 경력	성과를 수치와 이미지로 보여주기 경력 스토리텔링	표 보기, 리스트 보기, 갤러리 보기
프로젝트	프로젝트 참여 및 성과	프로젝트 결과물 시각화 구체적인 사례 스토리텔링	갤러리 보기

참여와 경험	봉사, 커뮤니티 참여, 대외 활동	리더십, 협업 능력 등 강점	갤러리 보기
제안하기	할 수 있는 일, 연락처, TOP 바로가기 버튼	할 수 있는 직종 리스트 맨 위로 가기 버튼	콜아웃, 아이콘

Notion 포트폴리오 예시

Notion은 자신이 원하는 구성에 따라 다양하게 디자인할 수 있습니다. 또한 페이지 수에 따라 한 페이지 유형과 하위 카테고리를 넣는 다중 페이지 유형이 있습니다. 이 책에서는 한 눈에 볼 수 있는 한 페이지 유형을 만드는 법을 소개합니다. 다양한 정보를 담아 전문성을 강조하되 복잡해 보이지 않도록 내용을 구성해 보세요.

Notion 포트폴리오는 '우피'(www.oopy.io)라는 유료 사이트와 연결해서 홈페이지처럼 업그레이드할 수 있습니다. 우피에 대해서는 300쪽에서 자세히 안내합니다.

Notion을 활용한 포트폴리오 ▲

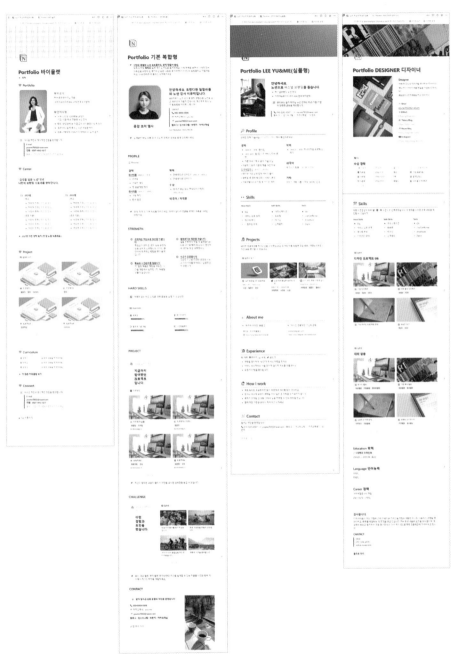

Notion을 활용한 다양한 포트폴리오 사례 ▲

289

Notion
포트폴리오 기획하기

차별화된 포트폴리오를 만드는 Point 4

방대한 자료를 정리해야 하기 때문에 Notion 포트폴리오를 만드는 일은
생각보다 시간이 오래 걸립니다. 만들기 전에는 디자인 요소를 고민하지
만, 만들수록 어떤 내용으로 채울지 그리고 어떤 단어가 어울릴지 등 더
큰 고민이 시작되죠. 그래서 만들기 전에 방향성을 기획하고 시작하면 시
간을 단축하고, 차별화된 포트폴리오를 만들 수 있습니다.

김도비
포트폴리오

'Notion 공식 템플릿 갤러리'에서 인기 템플릿인 '김도비 포트폴리오'를 예시로 차별화
된 포트폴리오 Point 4를 살펴볼게요.

Point 1. 시각화
Notion 포트폴리오에는 많은 정보가 들어갑니다. 복잡한 정보를 이해하기 쉽게 만들기

2021.9 -현재	Game Company **Digital Marketer**
	▸ 웹/앱 신규 서비스 론칭
	▸ 기존 서비스에 AI 분석 기술 도입
	▸ 사용자 커뮤니티 운영

2019.8 -2021.8	Pet Care Company **Content Marketer**
	▸ 데이터 기반 신규 서비스 출시
	▸ 플랫폼 내 셀러 백오피스 서비스 론칭
	▸ 사용자별 UI/UX 기획 및 가이드 제작

위해 시각화는 매우 중요해요. 이미지, 영상, 차트 등을 사용해 데이터를 쉽게 이해할 수 있게 만드는 아이디어를 떠올려보세요.

Point 2. 수치화

정보를 수치로 표현하면 사용자가 정보를 정확하게 이해하고 비교할 수 있어요. 나의 강점을 보여줄 수 있는 수치에는 어떤 것이 있는지 찾아보세요.

About Me

5년차 콘텐츠 마케터입니다. 소셜 채널 기획 운영으로 커리어를 시작하여 디지털에 대한 이해도를 높였고, 현재 IT 기업에서 신규 서비스 디지털 마케팅을 담당 하고 있습니다

Experience Overview

총 경력 4년 6개월

• 게임 회사 2020.08 - 현재

• 한국빅컴퍼니 2019.01 - 2020.08

Kim Dobe

Seoul, South Korea
Tel. 010-000-0000
E. 1234@naver.com

조직의 업무 방식 개선으로
직원 1명을 더 고용해드립니다.

10명~ 규모 조직의 업무 방식을 진단 후 개선 방법과 함께 업무 효율 향상을 위한 교육, 워크샵, 컨설
팅을 진행합니다. 노션, 구글 워크스페이스, 슬랙 뿐만 아니라 조직의 업무 환경에 맞는 다양한 협업
툴을 제안합니다.

레몬베이스 팀을 소개합니다 🌝

2,000만 일하는 사람의 성장이 내 일의 성과가 되는 팀

Point 3. 단순함과 통일감

많은 정보와 자료를 넣다 보면 단순함과 통일감을 잃기 쉽습니다. 사용자가 쉽게 이해하
고 사용할 수 있도록 비슷한 작업은 비슷하게 작동하도록 만들고, 퍼스널 컬러를 이용해
색상을 통일해주세요.

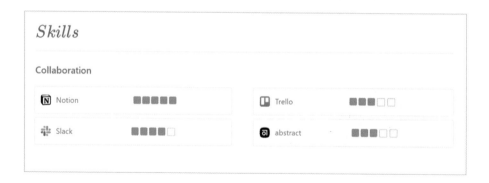

Point 4. 가치를 담기

내 정보가 사용자에게 가치를 제공해야 합니다. 어떤 문제를 해결할 수 있는지, 어떤 일에 협업을 제안하고 싶은지 가치를 제공하는 내용으로 채우도록 노력하세요. 또한 기업이 원하는 가치를 담기 위해서는 '진실성, 합리적 근거, 내용의 충실함'이 나타나야 합니다. 이를 위해 평소에 사진, 영상 자료들을 충실하게 모으고 구체적인 에피소드를 Notion에 적어두는 습관을 만드세요. 좋은 포트폴리오를 만들기 위해서는 한 가지 주제의 핵심 가치를 담는 것이 중요합니다. 나만의 핵심 가치를 전하는 포트폴리오를 만들기 위해 할 수 있는 질문을 소개합니다.

나만의 핵심 가치를 전하는 포트폴리오를 만드는 질문

- **누구에게 어떤 제안을 받고 싶은가요?**
- **지원하는 기업이 원하는 가치는 무엇인가요?**
- **자신이 생각하는 일의 가치는 무엇인가요?**

04 Notion 포트폴리오 템플릿 복제하고 제작하기

Notion은 자신의 직업에 대한 전문성과 강점, 차별성을 시각적으로 보여주기에 탁월한 도구입니다.

포트폴리오를 제작하는 세 가지 방법

1. 커스텀 포트폴리오 제작하기

4주 동안 배운 Notion 사용법을 활용해서 자신이 원하는 포트폴리오를 커스텀으로 제작해보세요. 커스텀 포트폴리오는 자신이 원하는 모든 것을 담을 수 있기 때문에 더 차별화된 포트폴리오를 만들 수 있어요. 하지만 산만해질 수 있으므로 먼저 주제를 정하고 구조를 기획한 후 방향에 맞게 제작하는 것이 중요합니다.

2. 부록 템플릿 활용하기

부록에 다양한 형태의 포트폴리오 템플릿이 수록되어 있어요. 자신의 커리어를 잘 표현할 수 있는 템플릿을 선택한 후 복제해서 수정해보세요.

3. Notion 템플릿 갤러리 활용하기

Notion 템플릿 갤러리에서 전 세계 Notion 사용자들이 만들어놓은 감각 있는 포트폴리오 템플릿을 찾을 수 있어요. 개발자, 마케터, 프로젝트 매니저, 프리랜서까지 다양한 직업의 포트폴리오를 참고해서 만들거나, 복제한 후 수정해서 나만의 포트폴리오를 만들어보세요.

포트폴리오 템플릿을 찾는 방법

❶ Notion 사이드바 하단 [템플릿] 클릭 – 왼쪽 가장 아래 [템플릿 더보기] 클릭 – [portfolio] 검색

❷ 원하는 템플릿 클릭 – [템플릿 보기] 또는 [템플릿 사용하기] 클릭

• [템플릿 사용하기]를 클릭하면 자신의 Notion에 템플릿이 복제됩니다. 알맞게 수정해서 사용하시면 됩니다.

❸ 다른 템플릿의 구성 요소가 마음에 든다면 템플릿을 복제한 후 그 구성 요소만 복사해서 가져올수 있습니다. 예를 들어 아래 디자인의 스킬 부분이 마음에 든다면 다음과 같이 부분 복사해서 사용해보세요.

• [템플릿 사용하기] 클릭하여 내 워크스페이스에 복제 – 구성 요소 드래그 – [Ctrl+C]로 복사 – [Ctrl+V]로 원하는 위치에 붙여넣기 – 수정해서 사용

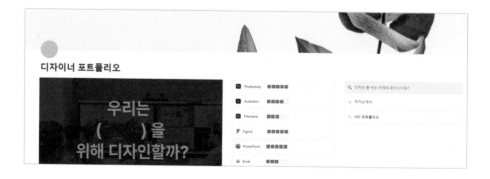

05 | Notion 포트폴리오 공유하기

공유하는 방법

포트폴리오 제작을 마쳤다면 웹에 게시해서 공유해보세요.

❶ 오른쪽 상단 [공유] – [게시] – [웹에 게시] – 권한 설정(복제 허용을 꺼주세요) – 링크 복사 – 원하는 곳에 붙여넣기

 공유할 때 주의할 점

• **개인 정보 보호**
포트폴리오 안에 자신 또는 다른 사람의 개인 정보가 노출되지 않도록 주의하세요.

- **복제 비허용**

  Notion은 공유할 때 복제 허용이 기본 설정이에요. 공유하기 전 복제 허용을 꼭 꺼주세요.

- **모바일로 꼭 보기**

  Notion 포트폴리오는 모바일로 더 많이 보게 됩니다. Notion은 PC와 모바일 환경에서 다르게 보이기 때문에 모바일로 어떻게 보이는지 꼭 확인하고, 최적화해서 공유하세요.

- **링크 길이 줄이기**

  Notion의 공유 링크는 복잡해 보여서 열심히 만든 포트폴리오가 자칫 스팸으로 오해받을 수 있어요. 그래서 링크 길이를 줄이는 사이트(예 : https://bitly.com)를 활용하면 좋습니다. 링크 길이를 짧게 만들어 공유하세요.

포트폴리오를 공유하고 활용하는 다양한 방법

메신저

개인 메신저를 보낼 때 링크를 함께 첨부해보세요.

이메일 첨부

이메일 하단의 프로필 영역에 링크를 첨부해보세요. 자신만의 웹사이트 주소가 됩니다.

SNS 채널 자기소개에 첨부

SNS 채널(블로그, 인스타그램 등) 자기소개 영역에 링크를 넣어보세요. 자신을 입체적으로 브랜딩할 수 있습니다.

이력서나 문서에 QR코드로 첨부

기본 이력서나 PDF 포트폴리오를 제출할 때 QR코드를 만들어서 넣어 보세요. 파일형 이력서나 PDF 포트폴리오를 제출할 때는 링크 주소를 넣으면 열어보기가 불편합니다. 이때 호기심을 주면서 모바일로 쉽게 접근할 수 있도록 하는 방법이 QR코드로 첨부하기입니다.

이유미
포트폴리오

이력서 내용을 증명하는 다양한 자료를 사진, 영상 자료로 확인할 수 있고, 디자인 감각까지 보여주는 감각적인 포트폴리오로 어필할 수 있습니다.

QR코드를 만들 수 있는 사이트

- 네이버 큐알코드 https://qr.naver.com
- 디자인사이트 캔바 https://www.canva.com
- 유니태그 https://www.unitag.io/qrcode

Notion 포트폴리오를 우피와 연결해서 웹사이트 만들기

Notion 포트폴리오에 차별성과 전문성을 추가하고 싶다면 우피(https://www.oopy.io)를 활용해보세요. 우피는 Notion 페이지를 최적화된 웹사이트로 바꾸어주는 유료 서비스입니다.

우피의 유용한 기능

커스텀 도메인

Notion 페이지를 공유하면 길고 의미 없는 URL이 신경 쓰입니다. 자칫 스팸으로 오해받을 수 있어요. 이때 우피를 이용하면 의미를 담은 심플하고 예쁜 도메인을 만들 수 있어요. 그뿐만 아니라 Notion 하위 페이지도 기억하기 쉽게 만들 수 있습니다.

예) Notion 페이지 공유 : https://haruclass.notion.site/084dc753f3b04202946b4653a2ae38f7?pvs=4

우피 커스텀 도메인 : https://karislove.oopy.io

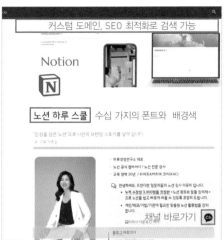

우피에 연결한 Notion 포트폴리오 ▲

다른 커뮤니티 채널과의 쉬운 연결

플러그인을 통해 구글, 페이스북, 채널톡, 카카오채널과 같은 다른 프로그램과 쉽게 연결하고, 바로가기 버튼을 생성할 수 있어요.

디자인 요소

수십 가지의 폰트와 배경색, 화면 너비 조정, 모서리 둥글게 효과, 이미지 슬라이드, 상단 메뉴바와 하단 내비게이터, 페이지뷰 카운트를 만들 수 있어요.

페이지뷰 통계

얼마나 많은 사람들이 페이지에 방문했는가를 지표로 볼 수 있어요. 특정 페이지의 페이지뷰 통계뿐만 아니라 유입경로도 알 수 있습니다.

더 유용한 링크 걸기

Notion에서는 지원되지 않는 이미지에 링크 걸기, 갤러리 항목에 링크 걸기가 가능합니다.

사용 가격

매월 5,900~9,900원(부가세 별도)입니다. 2주간 무료로 사용해볼 수 있으니 무료로 연결해서 한번 사용해보세요.

할인받는 방법

친구에게 내 웹사이트 주소를 알려주면 추천인과 가입자 모두 50퍼센트 할인 쿠폰을 받을 수 있어요. 가입 후 추천인 사이트 주소(https://karislove.oopy.io)를 입력해보세요.

Q&A : 알고 보면 쉬운 Notion, 몰라서 자꾸 멈출 때 찾아보세요!

Q1. 초대받은 워크스페이스의 페이지로 어떻게 이동하나요?

A1. 다음과 같이 실행해보세요.

❶ 왼쪽 상단의 [워크스페이스 제목] 클릭

❷ 나타나는 리스트 중에 '게스트'라고 써 있는 곳이 초대받은 워크스페이스입니다.

❸ 이동하고자 하는 [워크스페이스] 클릭

Q2. 페이지가 갑자기 사라졌는데 찾을 수 없어요.

A2. 삭제되었거나 이동하는 과정에서 다른 페이지의 하위 페이지로 들어갔을 수 있어요. 휴지통에서 찾아보고 없다면 검색으로 찾아볼 수 있습니다.

❶ 검색하는 방법

• 왼쪽 상단의 [검색] 클릭 − 카테고리별로 검색할 수 있는 창이 열리면 원하는 페이지의 제목이나 키워드 검색

❷ 수정한 페이지를 다시 복원하고 싶다면

• 복원하고 싶은 페이지의 오른쪽 상단 […] − [편집 기록 보기] 클릭

• 편집 날짜 리스트 중 복원하고 싶은 날짜 클릭 − 하단에 [버전 복원] 클릭

Q3. **회사에서 로그아웃을 안 하고 퇴근했는데 집에서 로그아웃하는 방법이 있나요?**

A3. Notion은 한번 로그인한 PC에서는 자동 로그인이 됩니다. 보안을 위해 공동으로 사용하는 PC에서는 사용 후 꼭 로그아웃(워크스페이스 이름 클릭–로그아웃)을 해 주세요. 만약에 로그아웃하지 않고 퇴근했다면 다음과 같은 방법을 사용하세요.
  - [설정과 멤버] – [내 계정] – [모든 기기에서 로그아웃]

Q4. **블록 안에서 텍스트 줄을 바꾸는 방법은 없나요?**

A4. 토글, 콜아웃, 블록에서 [Enter]를 누르면 다음 블록이 됩니다. 같은 블록 안에서 줄바꿈을 하고 싶다면 [Shift+Enter]를 누르세요.

Q5. **텍스트에 빨간 줄이 나와요. 어떻게 사라지게 하나요?**

A5. 빨간 줄이 있는 텍스트 드래그 – 마우스 우클릭 – [맞춤법 검사 비활성화]

부록

01

Notion
마스터 체크리스트

오른쪽 QR코드는 Notion 4주 마스터 과정을 체크하면서 달성률을 볼
수 있는 [Notion 마스터 체크리스트]입니다.

Notion 마스터
체크리스트와
부록

Notion 마스터 체크리스트 사용 방법

❶ QR코드로 체크리스트를 열고 오른쪽 상단의 [복제]를 클릭합니다. 모바일로 복제할 경우 오른
쪽 상단 […]−[페이지 복제] 클릭

❷ 주차별 주제 앞의 토글(▶)을 열면 요일별 달성 목표가 나옵니다.

❸ 요일별로 마스터한 후 완료 체크박스에 체크하면 왼쪽 주차별 달성률이 올라갑니다.

Notion Master Checklist

주차별 달성률		하루 10분, 4주 체크리스트
갤러리		표

주차별 달성률 섹션:

- 1주차 33.3% ☑☑☐☐☐
- 2주차 0%
- 3주차 0%
- 4주차 0%

+ 새로 만들기

하루 10분, 4주 체크리스트 섹션:

▼ 1주차 노션과 친해지기 [만능 노트] 6

⊙ 요일	Aa 내용	☑ 완료
월요일	페이지 만들기	☑
화요일	기본 블록과 미디어 블록	☑
수요일	페이지 편집하고 꾸미기	☐
목요일	고급 블록과 임베드	☐
금요일	페이지 공유하고 웹 게시하기	☐
주말미션	'공모전 수상 소식' 만들고 공유하기	☐

+ 새로 만들기

▶ 2주차 데이터베이스 파헤치기 [아카이브 자료실] 6
▶ 3주차 데이터베이스 활용하기 [프로젝트 관리] 6
▶ 4주차 노션 고수되기 [All-in-one 관리 시스템] 6

수기로 기록을 원하시는 분은 아래 표에 학습한 날짜를 기록해주세요.

주차	주제와 내용	학습한 날짜
1주 차	1 STEP : Notion과 친해지기 [만능 노트]	
	(수집) 시간은 줄이고 전문성은 높이는 문서 작성	
월요일	페이지 만들기	
화요일	기본 블록과 미디어 블록	
수요일	페이지 편집하고 꾸미기	
목요일	고급 블록과 임베드	
금요일	페이지 공유하고 웹 게시하기	
주말 미션	'공모전 수상 소식' 만들고 공유하기	
2주 차	2 STEP : 데이터베이스 파헤치기 [아카이브 자료실]	
	(정리) 방대한 자료를 한 곳에 정리하고 공유하기	
월요일	데이터베이스 만들기와 속성 추가하기	

화요일	데이터베이스 기본 속성 파헤치기	
수요일	필터, 정렬, 그룹화로 원하는 데이터 보기	
목요일	링크된 데이터베이스와 보기 추가하기	
금요일	데이터베이스 6개의 보기	
주말 미션	웹클리퍼로 자료 수집하기	
3주차	데이터베이스 활용하기 [프로젝트 관리]	
	(추출과 표현) 진행 과정을 실시간으로 공유하는 프로젝트 관리 시스템	
월요일	[프로젝트], [작업/일정] 데이터베이스 만들기	
화요일	[부서], [팀원], [문서함] 데이터베이스 만들기	
수요일	데이터베이스 관계형과 롤업으로 연결하기	
목요일	프로젝트 상세 페이지 템플릿 만들기	
금요일	프로젝트 관리 시스템 만들고 협업하기	
주말 미션	나의 프로젝트와 작업만 볼 수 있는 대시보드	
4주차	Notion 고수되기 [올인원 관리 시스템]	
	(시스템) 나를 체계적으로 관리하는 일정과 업무 관리 시스템	
월요일	[연간, 월간 플래너] 만들기	
화요일	[연간, 월간 플래너] 내부 템플릿 페이지 만들기	
수요일	[일간 캘린더]와 [습관 관리] 만들기	
목요일	연간 계획부터 습관까지 한눈에 보는 [일정 관리 시스템]	
금요일	프로젝트부터 일정 관리까지 한눈에 보는 [업무 관리 시스템]	
주말 미션	위젯으로 페이지 꾸미기	

02 | 템플릿 모음

책 본문 템플릿

책 본문에서 소개하는 템플릿들의 모음입니다.

책 본문
템플릿
Book
Templates

- Notion 프로젝트 관리 ...
- Notion 일정 관리 시스...
- Notion 업무 관리 시스...

- Notion MY HOME (PARA)
- Notion HOME (하루 경영 분류 기록법)
- 실습용-Notion 콘텐츠 캘린더

- 수식 예시 템플릿
- Notion 자주 쓰는 단축키

- Notion 프로젝트 관리 템플릿 (185쪽 참고)

- Notion 일정 관리 시스템 템플릿 (211쪽 참고)

- Notion 업무 관리 시스템 템플릿 (214쪽 참고)

- Notion MY HOME(PARA) (123쪽 참고)

- Notion HOME(하루 경영 분류 기록법) (111쪽 참고)

- 실습용 – Notion 콘텐츠 캘린더 (146쪽 참고)

- 수식 예시 템플릿 (231쪽 참고)

- Notion 자주 쓰는 단축키 (97쪽 참고)

포트폴리오 템플릿

포트폴리오 템플릿 Portfolio Templates	Notion 포트폴리오 템플릿	Notion 포트폴리오 꾸미기 자료
	Ⓝ Portfolio 바이올렛	🌐 Notion Icons 아이콘 모음
	Ⓝ Portfolio 기본 복합형	⛅ Notion Widgets 위젯_시계, 버튼, 날씨
	Ⓝ Portfolio LEE YU&ME(심플형)	
	Ⓝ Portfolio DESIGNER 디자이너	
	Ⓝ Portfolio 김도비	

다양한 유형의 포트폴리오 템플릿입니다. 원하는 유형을 선택해서 수정하시거나 요소를 조합해서 Notion 포트폴리오를 완성하세요. Notion 꾸미기를 할 수 있는 아이콘과 위젯 템플릿을 사용해서 나만의 특별한 Notion 페이지를 만들어보세요.

템플릿

- 포트폴리오 바이올렛

- 포트폴리오 기본 복합형

- 포트폴리오 심플형

- 포트폴리오 디자이너

- 포트폴리오 김도비

꾸미기 자료

- 아이콘 모음

- **위젯 :** 시계, 버튼, 날씨

업데이트 자료

Notion에서 업그레이드되면 업데이트되는 자료 모음집입니다. 수식과 언어 사전으로 나뉘어 있어요.

| 업데이트 자료
Update Data | 📌 Notion **수식** 바로가기→ |
| | 📌 Notion **언어 사전** 바로가기→ |

- Notion 수식
- Notion 언어 사전

시크릿 템플릿

시크릿 템플릿 Secret Templates	📱 Notion 감정일기 @꿈달코치	📕 MY BOOK ARCHIVE	
	🎬 ARTS&CULTURE CHALLENGE	🐙 OKR 목표 달성 플랜(개인용)	
	✈️ 여행 플래너 with 노션 AI	↗️ OKR 목표달성 플랜(팀용)	

Notion 마스터
체크리스트와
부록

감정 일기

매일의 감정을 기록하며 나를 돌볼 수 있는 감정 기록 템플릿입니다. 이 양식은 코칭 메신 저인 꿈달코치님의 감정코칭 강의에서 실제 사용하는 감정 일기입니다. 100가지 이상의 감정 단어 리스트가 포함되어 있어요. 나의 감정을 알아차리고 돌보는 작업을 해보세요.

ARTS&CULTURE CHALLENGE

예술과 문화 경험을 기록할 수 있는 템플릿입니다. 좋아하는 영화, 책, 공연 등의 포스터, 기억에 남는 문장, 영상 등을 모아보세요. 내가 문화생활 한 횟수를 챌린지 형식으로 체크하고 확인할 수도 있습니다.

여행 플래너 with 노션 AI

여행 계획, 여행지 자료, 준비물 리스트와 여행 자료를 보관하고 일정을 관리할 수 있는 템플릿입니다. Notion AI와 협업해 준비물 준비부터 여행지 정보까지 자동 생성할 수 있는 Notion AI 블록이 첨부되어 있습니다.

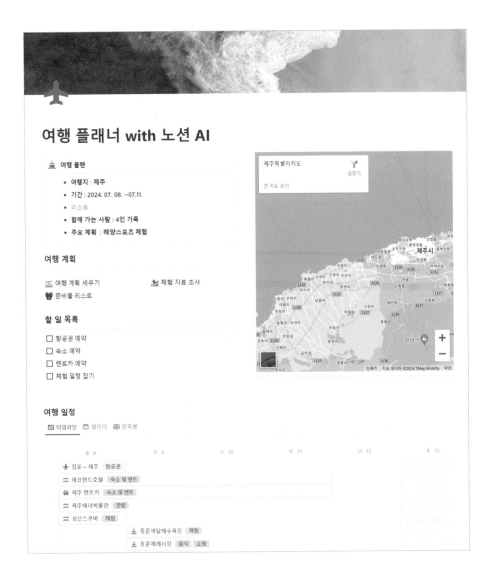

독서노트

읽은 책을 분야별, 연도별로 분류해서 기록할 수 있는 템플릿입니다. 읽은 권수가 자동으로 나타나고, 연도별 목표에 대한 달성률이 표시됩니다. 페이지를 열어 밑줄 문장, 관련 자료를 모을 수 있습니다.

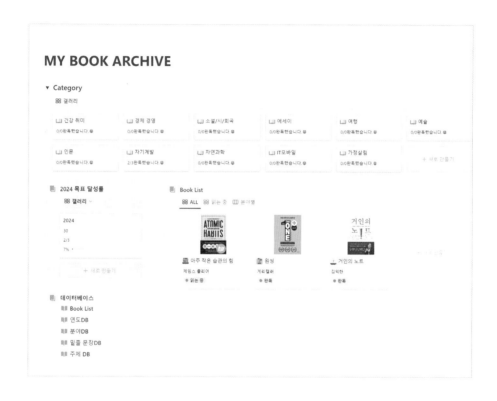

💬 동기

📓 이 책을 선택한 이유른 무엇인가요? 무엇을 얻고 싶나요?

- 리스트
- 리스트
- 리스트

📖 밑줄 문장

▦ 표

Aa 키워드	# 페이지	☰ 문장	+ ⋯

+ 새로 만들기

▎깨달음

📓 느낌, 새롭게 배운 것, 깨달은 것은 무엇인가요?

- 리스트
- 리스트
- 리스트

▎적용

📓 삶에 적용할 수 있는 행동은 무엇인가요?

- 리스트
- 리스트
- 리스트

OKR 목표 달성 플랜(개인용)

개인의 목표 주제와 핵심 결과를 기록하고 목표를 달성할 수 있는 시스템을 만드는 템플릿입니다. 요일별 주요 업무와 습관 트래커까지 들어 있어요.

OKR 목표 달성 플랜(팀용)

팀을 위한 OKR 목표 달성 템플릿입니다. 부서와 직원 데이터베이스에 정보를 입력하고 팀의 OKR 목표 달성 플랜을 세워보세요. 그런 후 부서별 목표와 실행할 수 있는 핵심 결과를 기록하고 팀이 공동으로 목표를 달성해보세요.

03   Notion 언어 사전과 연동 앱

Notion 언어 사전

Notion
언어 사전

검색 엔진 최적화

검색 엔진 최적화(Search Engine Optimization, SEO)는 웹사이트가 검색 엔진의 검색 결과에서 더 높은 순위를 얻을 수 있도록 웹사이트를 조정하는 과정을 의미합니다. 이는 웹사이트의 트래픽을 증가시키는 데 도움이 됩니다. SEO는 웹사이트의 콘텐츠, 디자인, 기술적 요소 등을 최적화하여 검색 엔진이 웹사이트를 쉽게 파악하고 인덱싱할 수 있도록 합니다.

대시보드

대시보드(Dashboard)는 사용자에게 중요한 정보를 한눈에 보여주는 사용자 인터페이스입니다. 이는 종종 여러 데이터 시각화의 요약, 키 성과 지표(KPIs) 등을 제공하여 사용자가 정보를 쉽게 이해하고 분석할 수 있게 돕습니다. 대시보드는 실시간으로 업데이트되어 사용자가 최신 정보를 확인할 수 있도록 하며, 필요한 정보나 기능에 빠르게 접근할 수 있게 도와줍니다.

동기화

동기화는 2개 이상의 기기, 시스템 또는 앱 간에 데이터를 일관성 있게 유지하는 과정을 의미합니다. 변경 사항을 모든 기기나 시스템에 동시에 적용함으로써 사용자가 어느 위치에서든 동일한 정보에 접근하고 사용할 수 있게 해줍니다. 예를 들어 클라우드 서비스를 사용하는 경우, 사용자가 한 기기에서 파일을 수정하면 해당 변경 사항이 서버에 업로드되고 다른 모든 기기와 동기화됩니다. 이를 통해 사용자는 다른 기기에서도 최신 데이터를 사용할 수 있습니다.

드라이브

드라이브(Drive)는 디지털 데이터를 저장하고 관리하는 데 사용되는 저장 장치 또는 시스템을 의미합니다. 온라인 도구의 맥락에서는 종종 클라우드 저장 서비스를 가리키는 용어로 사용되며 이를 통해 사용자들은 파일을 저장하고 공유할 수 있습니다.

예) 구글 드라이브(Google Drive), 드롭박스(Dropbox), 원드라이브(OneDrive)

리소스

리소스(Resource)는 컴퓨터 시스템에서 사용되는 모든 물리적 또는 가상의 유용한 구성 요소를 의미합니다. 여기에는 하드웨어, 소프트웨어, 네트워크, 데이터 및 정보 등이 포함됩니다. 리소스는 특정 작업을 완료하거나 서비스를 제공하는 데 필요한 것으로 효율적인 리소스 관리는 시스템 성능과 생산성을 향상시키는 데 있어 중요합니다.

사이드바

Notion의 사이드바(Side Bar)는 사용자가 원활하게 내비게이션을 할 수 있도록 도와주는 기능입니다. 여기에는 작업 중인 페이지, 즐겨찾기, 휴지통 등 사용자가 자주 이용하는 페이지와 기능들이 모여 있습니다. 또한 작업 공간과 페이지를 더 효율적으로 관리할 수 있도록 페이지의 생성, 편집, 삭제 등 다양한 동작을 수행할 수 있습니다. 이외에도 사용자가 설정한 팀의 워크스페이스, 플러그인, 설정 등에 쉽게 접근하고, 잘 관리할 수 있도록 도와줍니다.

생산성

생산성은 어떤 작업을 수행하는 데 소요되는 시간과 노력 대비 얼마나 많은 결과를 얻을 수 있는지를 나타내는 척도입니다. 이는 효율성과 밀접한 관련이 있으며 일반적으로 더 적은 자원을 사용하여 더 많은 결과를 얻는 것이 목표입니다. 생산성을 높이는 방법에는 여러 가지가 있는데 작업 과정의 향상, 기술의 사용, 시간 관리 기술의 개선 등이 포함될 수 있습니다.

세컨드 브레인

세컨드 브레인(Second Brain)은 '두 번째 두뇌'라는 의미로 개인이 정보를 저장·정리·검색하고 창의적 아이디어를 발생시키는 데 도움을 주는 외부 시스템을 가리킵니다. 이는 디지털 도구, 앱, 노트북 등 다양한 도구를 이용하여 만들 수 있으며 각자의 사고방식과 작업 습관에 맞게 맞춤화할 수 있습니다. 세컨드 브레인은 정보의 효율적인 관리를 돕기 위해 사용됩니다. 이를 통해 사용자는 정보의 과부하를 피하고 더 효과적으로 학습하고 문제를 해결할 수 있습니다.

스타트업

스타트업(Startup)은 초기 창업 단계에 있는 기업을 가리킵니다. 일반적으로 스타트업은 고성장 가능성을 가진 새로운 아이디어나 기술을 바탕으로 사업을 시작합니다. 스타트업은 전통적인 기업들보다 더 빠르게 성장할 수 있지만, 그만큼 높은 위험성을 안고 있습니다.

액세스

액세스(Access)란 컴퓨터나 정보 시스템에 접근하여 데이터를 검색·수정·삭제하거나 사용할 수 있는 권한을 가리킵니다. 액세스는 소프트웨어 사용에서 중요한 역할을 합니다. 사용자가 효과적으로 데이터를 처리하고, 시스템 리소스를 관리하며, 정보를 공유하려면 적절한 액세스 권한이 필요합니다. 또한 액세스는 보안을 유지하는 데도 중요한 역할을 합니다. 사용자가 접근할 수 있는 데이터와 리소스를 제한함으로써 민감한 정보의 노출을 방지하고 시스템을 보호할 수 있습니다.

인덱싱

인덱싱(Indexing)이란 데이터베이스에서 데이터를 빠르게 조회할 수 있도록 돕는 기능입니다. 인덱스는 책의 색인과 비슷하게 작동하여 데이터의 위치를 가리키는 참조를 제공합니다. 이를 통해 데이터베이스 시스템은 전체 데이터를 스캔할 필요 없이 원하는 데이터를 빠르게 찾을 수 있습니다. 인덱싱은 데이터베이스의 성능을 크게 향상시키지만, 인덱스를 유지하고 업데이트하는 데는 추가적인 리소스가 필요합니다. 따라서 인덱스는 필요한 곳에만 적절하게 사용되어야 합니다.

임베드

임베드(Embed)는 특정 웹 콘텐츠를 다른 웹페이지나 앱으로 가져오는 기능을 말합니다. 예를 들어, 유튜브 동영상을 블로그에 임베드하면 독자들이 블로그 페이지에서 직접 동영상을 시청할 수 있습니다. 이는 다른 사이트의 콘텐츠를 자신의 웹사이트에 쉽게 통합할 수 있게 해줍니다.

컴포넌트

컴포넌트(Component)는 소프트웨어의 일부분으로 특정 기능을 수행하는 독립된 모듈을 의미합니다. 이들은 서로 다른 컴포넌트와의 상호작용을 통해 전체 시스템의 기능을 구현합니다. 컴포넌트 기반 설계는 소프트웨어 개발에서 널리 사용되며 이는 앱의 유지 관리와 확장성을 향상시킵니다.

콘텐츠

콘텐츠(Contents)는 매체를 통해 전달되는 정보나 경험을 의미합니다. 이는 텍스트, 이미지, 오디오, 비디오 등 다양한 형태를 가질 수 있으며 웹사이트, 블로그, 소셜 미디어, 뉴스레터, 팟캐스트 등 다양한 플랫폼에서 사용됩니다. 콘텐츠는 사용자에게 유익한 정보를 제공하거나, 브랜드 인지도를 높이거나, 고객 관계를 강화하는 등의 목적으로 생성되며 콘텐츠의 품질과 가치는 그 콘텐츠가 목표 달성에 얼마나 효과적인지를 결정합니다.

클라우드와 드라이브

클라우드와 드라이브는 모두 데이터를 저장하고 관리하는 방식을 의미하지만, 그 방식과 활용 범위에는 몇 가지 차이점이 있습니다. 클라우드는 인터넷을 통해 데이터를 저장하고 접근하는 시스템을 말합니다. 사용자는 물리적인 저장 장치에 의존하지 않고 언제 어디서든 데이터를 저장하고 불러올 수 있습니다. 또한 필요에 따라 저장 공간을 확장하거나 축소하여 효율적인 저장 관리가 가능합니다. 클라우드는 개인 사용자뿐만 아니라 기업에서도 널리 사용되며, 비용 절감, 효율성 향상, 데이터 백업 등의 이점을 제공합니다. 아마존 웹서비스(Amazon Web Services, AWS), 구글 클라우드 플랫폼(Google Cloud Platform, GCP), 마이크로소프트 애저(Microsoft Azure), IBM 클라우드가 이에 해당합니다. 반면 드라이브는 일반적으로 디지털 데이터를 저장하고 관리하는 데 사용되는 저장 장치 또는 시스템을 의미합니다. 드라이브는 하드 드라이브나 SSD(Solid

State Drive)와 같은 물리적인 저장 장치를 지칭하기도 하며 구글 드라이브나 드롭박스 같은 클라우드 기반의 파일 저장 서비스를 가리킬 때도 사용됩니다. 이런 경우의 드라이브는 특정 회사의 클라우드 서비스를 지칭하는 것으로 볼 수 있습니다.

태그

태그(Tag)는 정보를 분류하고 구조화하는 데 사용되는 키워드입니다. 웹사이트, 블로그, 소셜 미디어, 사진 라이브러리, 프로젝트 관리 도구 등 다양한 디지털 플랫폼에서 사용되며 사용자가 특정 주제나 카테고리와 관련된 콘텐츠를 쉽게 찾을 수 있도록 돕습니다. 예를 들어, 사진 공유 앱에서는 사용자가 사진을 '가족', '휴가', '취미' 등의 태그로 분류할 수 있습니다. 이를 통해 사용자는 나중에 특정 태그로 분류된 사진을 쉽게 찾을 수 있습니다. 또한 태그는 검색 엔진 최적화에도 사용되며 이를 통해 웹사이트의 검색 엔진 순위를 향상시킬 수 있습니다.

태스크

태스크(Task)는 수행해야 할 작업이나 과제를 의미합니다. 이는 일반적으로 특정 목표를 달성하기 위해 필요한 단계나 작업을 나타내며, 시작과 종료 시점이 명확하게 정의됩니다. 컴퓨터 용어로서의 태스크는 특정 프로세스 또는 실행 중인 프로그램을 가리키기도 합니다.

템플릿

템플릿(Template)은 특정 작업을 수행하기 위한 기본 구조나 모델을 의미합니다. 이는 반복적으로 사용되는 문서나 디자인 등에서 종종 사용되며 사용자가 특정 형식에 따라 내용을 쉽게 추가하거나 수정할 수 있도록 도와줍니다. 예를 들어, 이력서 템플릿은 이력서의 기본 구조를 제공하며 사용자는 자신의 정보를 해당 형식에 맞게 입력하면 됩니다. 템플릿은 시간을 절약하고 일관성을 유지하는 데 도움이 됩니다.

트래픽

트래픽(Traffic)은 데이터가 네트워크를 통해 이동하는 양을 의미합니다. 이는 웹사이트, 앱, 서버 등에서 발생하며 일반적으로 일정 시간 동안 전송된 데이터의 양으로 측정됩니다. 트래픽은 웹사이트의 인기도나 서버의 작동 상태를 이해하는 데 중요한 지표가 될 수 있습니다. 예를 들어, 웹사이트의 트래픽이 높다는 것은 많은 사용자가 해당 사이트를 방문하고 있다는 것을 나타냅니다. 반면, 네트워크 트래픽이 과도하게 높은 경우에는 서버가 과부하 상태에 빠질 위험이 있습니다.

프로젝트

프로젝트(Project)는 Notion에서 특정 목표를 달성하기 위해 수행해야 할 일련의 작업을 관리하고 추적하는 데 사용되는 도구입니다. 프로젝트는 일반적으로 여러 개의 태스크(작업 또는 할 일)나 서브태스크(Subtask)로 구성되며 이들은 각각의 진행 상황, 우선순위, 기한 등을 가질 수 있습니다. 또한 프로젝트는 팀원 간의 협업을 촉진하며 각 팀원이 현재 무엇에 집중해야 하는지, 프로젝트의 전체 진행 상황이 어떤지를 명확하게 이해할 수 있도록 돕습니다.

프로퍼티

프로퍼티(Property)는 객체 지향 프로그래밍에서 사용되는 용어로 객체의 특성을 나타냅니다. 객체의 상태를 나타내는 변수 또는 데이터 필드를 의미할 수도 있고, 객체가 수행할 수 있는 행동을 나타내는 메소드(Method)를 의미할 수도 있습니다. 예를 들어, '자동차'라는 객체가 있다면 '색상', '모델', '제조사' 등은 자동차의 프로퍼티가 될 수 있습니다. 이는 객체의 상태 정보를 나타내는 데이터입니다. 또한 '주행하기', '정지하기' 등의 행동도 자동차의 프로퍼티가 될 수 있습니다. 이는 객체가 수행할 수 있는 행동을 나타내는 메소드입니다.

프롬프트

프롬프트(Prompt)는 사용자에게 입력이나 행동을 요청하는 메시지나 신호를 의미합니다. 이는 컴퓨터에서 사용자에게 정보를 입력하거나 명령을 실행하도록 요청하는 텍스트나 심볼을 나타낼 수 있습니다. 예를 들어, 커맨드 라인 인터페이스(Command Line Interface, CLI)에서는 사용자가 명령을 입력할 수 있도록 프롬프트가 표시됩니다. 또한 사용자가 앱에서 특정 행동을 수행하도록 유도하는 대화 상자나 메시지를 의미하기도 합니다. 이는 사용자 인터페이스의 중요한 요소로, 사용자와 시스템 간의 상호작용을 가능하게 합니다.

플러그인

플러그인(Plugin)은 기본적인 소프트웨어 기능을 확장하거나 추가하는 소프트웨어 컴포넌트입니다. 이것들은 사용자가 필요에 따라 선택적으로 설치해 사용할 수 있습니다. 플러그인은 특정 소프트웨어의 활용성을 높이기 위해 개발되며, 보통은 사용자의 특정 요구사항을 충족하기 위해 설계됩니다. 웹브라우저, 오디오/비디오 플레이어, 편집 도구 등 다양한 소프트웨어에서도 일반적으로 사용됩니다. 플러그인은 보통 개발자가 직접 제작하거나, 소프트웨어 개발자가 사용자에게 자신의 제품을 맞춤화하거나, 확장할 수 있도록 허용하기 위해 제공합니다. 종종 새로운 기능을 추가하거나, 기존 기능을 개선하거나, 소프트웨어와 외부 응용 프로그램 간의 통합을 향상시키는 데도 사용됩니다. 이러한 이유로 사용자 경험을 풍부하게 만들고, 사용자가 자신의 작업을 더 효율적으로 수행할 수 있도록 돕는 중요한 도구로 여겨집니다.

플랫폼

플랫폼(Platform)은 다른 응용 프로그램, 프로세스 또는 기술이 개발되는 기술의 기반을 의미합니다. 또한 특정 활동을 호스팅하고 촉진하는 온라인 서비스나 도구를 가리킬 수도 있습니다. 예를 들면, 소셜 미디어 플랫폼(페이스북, X 등) 또는 개발 플랫폼

(GitHub 등) 등이 있습니다.

CSV 파일

CSV는 'Comma Separated Values'의 약자로, 각각의 데이터 필드가 쉼표(,)로 구분된 텍스트 데이터 파일 형식을 말합니다. 이 파일 형식은 표 형식의 데이터를 저장하고 공유하는 데 주로 사용되며 엑셀이나 데이터베이스 등 다양한 프로그램에서 사용됩니다. 각 줄은 표의 한 행을 나타내고, 쉼표는 행 내의 열을 구분합니다. CSV 파일은 데이터 이동이 필요한 다양한 앱에서 널리 사용됩니다.

DT스쿨

DT스쿨(Digital Transformation School)이란 재직자 중심의 직무 특화형 디지털 역량 교육을 통해 기업의 디지털 전환을 선도할 수 있는 인재를 양성하는 사업입니다. 해당 사업은 중소기업, 스타트업 재직자의 디지털 역량 강화를 위한 무료 교육으로 서울 소재 기업 재직자, 서울시 거주 재직자를 우선해 선발하며 교육 참여를 희망하는 재직자는 서울산업진흥원 SBA아카데미 홈페이지를 방문해 과정별 지원서를 확인하고 기한 내에 온라인으로 접수하면 됩니다.

IT

정보 기술(Information Technology)의 약자입니다. IT는 컴퓨터 기술을 이용하여 정보를 생성·수집·저장·처리·전송하는 모든 기술을 포괄하는 용어입니다. IT는 사회의 모든 분야에서 중요한 역할을 수행하며 특히 비즈니스, 교육, 의료, 통신 등의 분야에서 중요한 역할을 합니다.

Notion 연동 앱

구글 드라이브 www.google.com/drive

구글 드라이브(Google Drive)는 구글이 제공하는 클라우드 기반의 파일 저장 및 공유 서비스입니다. 사용자는 구글 드라이브를 통해 문서, 스프레드시트, 프레젠테이션, 사진, 동영상 등 다양한 종류의 파일을 인터넷에 저장하고 언제 어디서든 여기에 접근할 수 있습니다. 또한 구글 드라이브는 파일을 다른 사용자와 공유하고 함께 편집하는 기능을 제공하여 협업을 쉽게 합니다.

구글 맵 www.google.com/maps

구글 맵(Google Maps)은 지도 서비스 및 위치 기반 서비스를 제공합니다.

구글 캘린더 www.google.com/calendar

구글 캘린더(Google Calendar)는 구글이 제공하는 온라인 캘린더 서비스입니다. 이 서비스를 사용하면 개인 일정 관리, 팀 일정 공유, 예약 시스템 등을 손쉽게 관리할 수 있습니다. 사용자는 일정을 생성 및 수정하고, 공유할 수 있으며 다양한 기기에서 동기화하여 사용할 수 있습니다. 또한 이메일과의 통합, 일정 알림, 반복 일정 설정 등 다양한 기능을 제공합니다.

깃랩 www.gitlab.com

깃랩(GitLab)은 코드 관리 및 협업 도구입니다.

깃허브 www.github.com

깃허브(GitHub)는 소프트웨어 개발 프로젝트를 위한 공유 웹서비스입니다. 'Git'이라는 버전 관리 시스템을 기반으로 하며 개발자들이 소스 코드를 공유하고 협업하는 데 사용됩니다. 사용자는 깃허브를 통해 자신의 코드를 저장하고 공유할 수 있으며 다른 사용자가 만든 프로젝트를 복제하거나 기여할 수도 있습니다. 또한 이슈 추적, 코드 리뷰, 프로젝트 관리 등의 기능을 제공하여 개발 프로세스를 효율적으로 관리할 수 있게 돕습니다.

드롭박스 www.dropbox.com

드롭박스(Dropbox)는 파일 호스팅 서비스로 파일 동기화 및 공유 기능을 제공합니다.

룸 www.loom.com

룸(Loom)은 사용자가 화면을 녹화하고 동영상을 쉽게 공유할 수 있게 해주는 도구입니다. 특히 원격으로 일하는 팀에서 많이 사용됩니다. 이 도구를 사용하면 사용자가 자신의 화면을 녹화할 수 있으며, 동시에 웹캠을 통해 자신의 얼굴을 녹화할 수 있습니다. 이렇게 생성된 동영상은 즉시 공유할 수 있으며 이메일, 소셜 미디어, 웹사이트 등에서 쉽게 재생할 수 있습니다.

마이크로소프트 365 www.microsoft.com/ko-kr/microsoft-365

마이크로소프트 365(Microsoft 365)는 클라우드 기반의 서비스 모음으로 오피스 프로그램(Word, Excel, Powerpoint 등) 및 클라우드 서비스(OneDrive, Outlook 등)를 제공합니다. 사용자는 언제 어디서나 이들 서비스를 이용할 수 있으며, 특히 팀 협업에 유용한 도구들을 다양하게 제공하고 있습니다.

먼데이닷컴 www.monday.com

먼데이닷컴(monday.com)은 작업 관리 및 팀 협업 도구로 간편한 드래그&드롭 인터페이스와 시각적인 프로젝트 타임라인 등을 제공하여 작업의 진행 상황을 한눈에 파악할 수 있습니다. 또한 각 작업에 대한 상세 정보를 입력하고, 작업을 담당하는 사람을 지정하며, 마감 기한을 설정하는 등의 기능을 제공하여 프로젝트를 체계적으로 관리할 수 있게 합니다.

미로 www.miro.com

미로(Miro)는 온라인 협업 화이트보드 플랫폼입니다. 이 도구는 팀원들이 실시간으로 아이디어를 공유하고, 브레인스토밍을 진행하고, 프로젝트를 계획할 수 있게 돕습니다. 사용자는 무한한 크기의 캔버스에 대화, 메모, 그림, 스티커 등을 추가하여 자신의 생각을 시각적으로 표현할 수 있습니다. 또한 미로는 다양한 템플릿과 도구를 제공하여 사용자가 워크플로우를 쉽게 구성하고 프로젝트를 효과적으로 관리할 수 있게 돕습니다.

슬랙 www.slack.com

슬랙(Slack)은 팀 커뮤니케이션을 위한 클라우드 기반의 도구입니다. 사용자들은 슬랙을 이용해 실시간 메시지 교환, 파일 공유, 직접적인 통화, 그룹 통화 등을 할 수 있습니다. 이 도구는 팀원들 간의 협업을 돕고, 정보 공유를 증진하며 프로젝트의 효율성을 높이는 데 도움이 됩니다.

아사나 www.asana.com

아사나(Asana)는 팀 기반의 작업 관리 도구입니다. 이 도구를 사용하면 팀원들이 공동으로 프로젝트와 작업을 추적하고, 일정을 관리하며, 실시간으로 업데이트를 공유할 수 있습니다. 아사나는 사용자가 작업을 생성 및 할당하며 마감 기한을 설정하고, 작업 상태를 업데이트하는 기능을 제공합니다. 또한 사용자가 보드, 리스트, 타임라인, 캘린더 등 다양한 방식으로 자신의 작업을 시각화하고 조직화하는 데 도움을 줍니다.

어도비 크리에이티브 클라우드 www.adobe.com/creativecloud

어도비 크리에이티브 클라우드(Adobe Creative Cloud)는 어도비의 디자인 및 크리에이티브 소프트웨어를 제공합니다.

에어테이블 www.airtable.com

에어테이블(Airtable)은 데이터베이스 기능과 스프레드시트 기능을 결합한 협업 도구입니다. 이 도구는 테이블과 스프레드시트 형식의 레이아웃을 사용하여 복잡한 정보를 쉽게 정리하고 관리할 수 있게 해줍니다. 에어테이블로 다양한 유형의 미디어, 링크, 파일, 댓글 등을 포함하는 레코드를 생성할 수 있으며, 이런 레코드를 활용해 프로젝트 관리, 이벤트 계획, 고객 관계 관리 등 다양한 작업을 수행할 수 있습니다. 또한 사용자가 필요에 따라 데이터를 필터링, 정렬, 그룹화하는 등의 작업을 통해 데이터를 사용자 지정 방식으로 볼 수 있도록 지원합니다.

워크플로위 www.workflowy.com

워크플로위(Workflowy)는 사용자가 아이디어를 정리하고, 계획을 세우며, 작업을 추적하는 데 도움이 되는 웹 기반의 도구입니다. 워크플로위는 리스트를 중심으로 한 인터페이스를 제공하여 사용자가 복잡성을 관리하고 정보를 조직화하는 데 도움을 줍니다. 사용자는 아이디어, 계획, 작업 등을 리스트 형태로 쉽게 추가하고 필요에 따라 리스트를 확장하거나 축소하여 상세 정보를 관리할 수 있습니다.

인비전 www.invisionapp.com

인비전(InVision)은 디지털 디자인 작업 및 프로토타이핑(Prototyping) 플랫폼입니다. 이 플랫폼은 디자이너와 이해관계자(Stakeholder)들이 사용자 경험과 인터페이스 디자인을 효과적으로 시뮬레이션하고 테스트할 수 있도록 도와줍니다. 또한 인비전은 협업 도구를 제공하여 다양한 팀원들이 쉽게 의견을 공유하고 피드백을 제공할 수 있게 합니다.

인터콤 www.intercom.com

인터콤(Intercom)은 고객 커뮤니케이션 플랫폼입니다. 이 플랫폼은 실시간 채팅, 이메일, 인-앱 메시지 등을 통해 사용자와 고객 간의 커뮤니케이션을 가능하게 합니다. 이를 통해 고객 지원, 마케팅, 사용자 참여 등 다양한 고객 경험을 개선하고 최적화할 수 있습니다.

재피어 www.zapier.com

재피어(Zapier)는 다양한 웹·앱들을 연결하여 자동화 작업을 생성하는 온라인 서비스입니다. 한 앱에서 발생하는 특정 이벤트를 다른 앱에서 액션으로 전환하는 '잽'(Zap)이라는 자동화 작업을 만들 수 있습니다. 이를 통해 사용자는 수동으로 수행해야 할 일련의 작업을 자동화하여 시간을 절약하고 생산성을 향상시킬 수 있습니다. 예를 들어 재피어를 사용하면 이메일을 받을 때마다 이를 구글 드라이브에 자동으로 저장하거나, 특정 시간이 되면 슬랙 메시지를 자동으로 보내는 등의 작업을 설정할 수 있습니다. 이렇게 하면 다양한 웹 앱 간의 작업 흐름을 자동화하고 더욱 효율적으로 작업을 수행할 수 있습니다.

제플린 www.zeplin.io

제플린(Zeplin)은 디자인과 개발팀 간의 협업을 돕는 도구입니다. 디자인 요소의 사양, 색상, 글꼴, 크기 등을 디자이너가 쉽게 공유할 수 있으며, 개발자가 디자인 요소를 이해하고 접근할 수 있도록 도와줍니다. 이는 디자인에서 개발로의 워크플로우를 더욱 원활하게 만드는 역할을 합니다.

지라 www.atlassian.com/software/jira

지라(Jira)는 고도로 사용자 지정 가능한 이슈 추적 및 프로젝트 관리 도구입니다. 이 도구는 버그 추적, 이슈 추적 및 프로젝트 관리 기능을 제공합니다. 지라를 활용하면 사용자가 이슈를 생성하고 추적하며, 이슈에 대한 세부 사항을 업데이트하고, 이슈를 특정 사용자에게 할당하는 등의 작업을 수행할 수 있습니다. 또한 이 도구는 다양한 프로젝트와 작업을 관리하고 프로젝트의 진행 상황을 시각적으로 표현하는 데 유용합니다.

타입폼 www.typeform.com

타입폼(Typeform)은 온라인 설문조사 및 폼 제작 도구입니다. 사용자 친화적인 인터페이스를 제공하여 설문조사, 등록 양식, 퀴즈 등 다양한 형태의 인터랙티브 폼을 쉽게 만들 수 있습니다. 또한 타입폼은 다양한 통합 옵션을 제공하여 생성한 폼의 데이터를 다른 앱과 쉽게 공유할 수 있습니다.

트렐로 www.trello.com

트렐로(Trello)는 프로젝트 관리와 협업을 위한 웹 기반의 도구입니다. 카드 기반의 인터페이스를 사용하여 사용자들이 프로젝트의 다양한 과제들을 조직하고 관리할 수 있게 도와줍니다. 각 카드는 일반적으로 한 가지 작업을 나타내며 카드에는 설명, 체크리스트, 댓글, 파일 첨부 등의 정보를 추가할 수 있습니다. 이 카드들은 보드라는 더 큰 단위의 스페이스에 배치되며 보드 내에서는 카드들을 다양한 리스트로 분류하여 효과적인 작업 관리를 가능하게 합니다.

플로우 www.getflow.com

플로우(Flow)는 팀 프로젝트 관리를 위한 도구입니다. 사용자들이 일정, 할 일, 토론 등을 공유하고 관리할 수 있게 도와줍니다. 프로젝트의 진행 상황을 실시간으로 추적하고 팀원들과의 커뮤니케이션을 쉽게 할 수 있습니다. 또한 여러 프로젝트를 동시에 관리하는 것을 가능하게 합니다. 각각의 작업에 대한 진행 상황, 마감일, 담당자 등을 명확하게 표시하여 작업의 우선순위를 정하고 효율적으로 시간을 관리할 수 있습니다.

피그마 www.figma.com

피그마(Figma)는 디자인팀들이 협업을 통해 디지털 제품을 디자인하는 데 사용되는 클라우드 기반의 디자인 도구입니다. 이 도구는 실시간 협업 기능을 제공하며 사용자 인터페이스 디자인, 프로토타이핑, 그래픽 디자인 작업 등을 수행하는 데 이용됩니다. 또한 피그마는 각 프로젝트에 대한 리소스를 중앙에서 관리할 수 있어 팀 간의 일관성과 효율성을 높이는 데 도움이 됩니다.

Notion에서 퇴근하며

Notion은 처음 번역된 언어가 한국어일 정도로 한국인들이 정말 사랑하는 업무 툴이에요. 사용법이 직관적이고 모든 것이 한국어로 되어 있어서 하나씩 눌러보다 보면 자동으로 구현됩니다.

예를 들어 '/'만 누르면 넣고 싶은 블록 리스트가 설명과 함께 나와요. 클릭 몇 번이면 멋진 웹페이지가 만들어집니다. 그러니까 걱정하지 마시고 궁금한 것들은 이것저것 그냥 다 눌러보세요. 그러면 금방 배울 수 있습니다.

그래도 여전히 Notion이 어려울까 싶어 망설여진다고요?

혹시 어린이용 레고를 보신 적 있나요? 블록 크기가 크고, 개수는 굉장히 적어요. 20개 정도 들어 있더라고요. 그런데 성인용 레고는 어떤가요? 작은 블록이 몇천 개에다 구조도 훨씬 복잡하죠. 보기에는 멋있지만 레고 초보가 바로 만들 수 있을까요?

Notion도 그래요. Notion은 블록의 종류가 많습니다. 기본 블록만 수십 가지에 임베드할 수 있는 앱도 1,000개가 넘죠. 더 놀라운 건 페이지를 무한으로 만들 수 있다는 점이에요.

재료가 아무리 많아도 모든 재료를 사용할 필요는 없잖아요. 그러니 나에게 맞는 블록으로 필요한 페이지를 만들면 됩니다. 어려운 레고를 못 만든다고, 재미있고 쉬운 레고까지 포기할 필요는 없어요. 누구도 막을 수 없는 여러분의 선택입니다.

분명한 건 만들다 보면 실력이 늘 것이라는 점, 그리고 생산성이 놀라운 속도로 높아진다는 점이에요.

Notion을 배우신 많은 분들이 "왜 이제야 Notion을 알았을까!"라고 말씀하세요. 그만큼 Notion을 배우면 지금 고민하고 있는 업무의 많은 부분들이 해결되는 경험을 할 수 있다는 뜻이죠.

하루 10분만 투자해서 Notion의 탁월한 기능을 여러분의 것으로 만들고, 업무 생산성을 쭉! 쭉! 올리시길 응원합니다.

즐겁게 퇴근하시고, 내일 Notion에서 다시 만나요!